POETA EN NUEVA YORK

COLECCIÓN CLÁSICOS UNIVERSALES

FEDERICO GARCÍA LORCA

POETA EN NUEVA YORK

ESTUDIO PRELIMINAR Y BIBLIOGRAFÍA
DE GABRIELA CERVIÑO

LOSADA

COLECCIÓN CLÁSICOS UNIVERSALES
Dirección y selección de esta colección: Àlex Broch
Diseño cubiertas: Ferran Cartes / Montse Plass

POETA EN NUEVA YORK
Federico García Lorca

© LOSADA, S.A.
Moreno 3362, Buenos Aires, Argentina

D.R. © MCMXCVIII, para esta edición española de LOSADA, S.A.
producida y distribuida por OCEANO GRUPO EDITORIAL, S.A.
Milanesat, 21-23
EDIFICIO OCEANO
08017 Barcelona (España)
Teléfono: 93 280 20 20*
Fax: 93 205 25 45
http://www.oceano.com
e-mail: info@oceano.com

ISBN: 84-494-0921-7
Impreso en España - Printed in Spain
Depósito legal: B-16400-98
019806

ESTUDIO PRELIMINAR

I. Palabras de presentación

Dinámico, atrapante, y hasta profético, *Poeta en Nueva York* ha sido uno de los libros de Federico García Lorca que mayores problemas de interpretación ha presentado. Surgido de la profunda experiencia que supuso para su autor el choque con la gran urbe de los Estados Unidos (en un viaje que abarcó también La Habana, y que realizó entre 1929 y 1930), refleja una triple crisis: personal, social y literaria. Y nos presenta un mundo complejo, forjado con símbolos personales que parecen esquivar todo intento de elucidación pero que están, sin embargo, regidos por una precisa lógica poética que los conjuga.

Poeta en Nueva York rompe las ataduras con un grito dolorido, estremecido e hiriente, protestando por todo aquello que en nuestra sociedad está sometido a poderes injustos; clamando, desde su rebeldía, libertad; y denunciando una civilización que ha perdido toda verdadera comunicación con la naturaleza.

Crisis y denuncia se articulan por medio de un lenguaje subversivo que las expresa, y su irracionalidad viene a ser, más que «una justa adecuación del medio expresivo a la realidad»,[1]

---

1. José Ortega, «Poeta en Nueva York: Alienación social y surrealismo», *Nueva Estafeta*, 18, mayo de 1980, p. 45.

un elemento poderoso que en manos del poeta sirve para romper el vínculo entre «Geometría y angustia», forma en que Lorca describe Nueva York.[2] Herbert Marcuse es quien mejor lo formula, al describir el esfuerzo de la vanguardia literaria por «hablar un lenguaje que no sea el de aquellos que establecen los hechos, los imponen y se benefician con ellos».[3]

La obra nada tiene de caprichoso ni excéntrico: si se habla con un lenguaje nuevo es porque la situación-reacción del poeta ante esta nueva realidad con la que se enfrenta (totalmente distinta a la propia) así lo exige.

La inesperada muerte del autor impidió que diera forma definitiva a su obra, y de este modo a la dificultad interpretativa se suma el problema textual, que ha suscitado importantes polémicas en torno a cuál es la versión que mejor se ajusta al proyecto lorquiano.[4]

Lo cierto es que el manuscrito ha desaparecido y que existen dos primeras ediciones (la de Séneca, México, junio de 1940, y la de W.W. Norton −ed. bilingüe traducida por R. Humphries−, Nueva York, mayo de 1940), aparecidas

2. Federico García Lorca, «Un poeta en Nueva York» (conferencia recital), en *Poesía*, «Federico García Lorca escribe a su familia desde Nueva York», ed. Christopher Maurer, Ministerio de Cultura, España, 1978, N.º 23 y 24, p. 112.

3. Herbert Marcuse, *Reason and Revolution: Hegel and the Rise of Social Theory*, Beacon Press, Boston, 1960, p. 10.

4. *Véase* la explicación que da José Bergamín de cómo el manuscrito de *Poeta en Nueva York* llegó a sus manos, en Federico García Lorca, *Poeta en Nueva York, Tierra y Luna*, ed. Eutimio Martín, Ariel, Barcelona, 1981. *Véase* la historia textual del poemario, en Federico García Lorca, *Poeta en Nueva York*, ed. María Clementa Millán, Cátedra (Letras Hispánicas, 260), Madrid, 1987. Daniel Eisenberg, *Historia y problemas de un texto de Lorca*, Ariel, Barcelona, 1976. Christopher Maurer, «En torno a dos ediciones de *Poeta en Nueva York*», *Revista Canadiense de Estudios Hispánicos*, vol. IX, núm. 2, invierno de 1985, pp. 251-256.

apenas con tres semanas de diferencia, y que no coinciden plenamente, cuando ambas deberían responder al original entregado por el poeta a Bergamín, más o menos terminado para su publicación en 1936, antes de partir definitivamente a Madrid hacia su trágico final en Granada.[5]

Esto se agrava con el hallazgo de una lista manuscrita de García Lorca, encabezada por el título *Tierra y Luna*, con varias de las composiciones adjudicadas tradicionalmente a *Poeta en Nueva York*, que vuelve a ocupar a la crítica y a dividirla en dos grupos: los que creen que el texto de las primeras ediciones es el que más se ajusta a los deseos del poeta, y los que dividen a la poesía neoyorquina en dos libros encabezados correspondientemente por los títulos mencionados: *Poeta en Nueva York* y *Tierra y Luna*.[6]

En torno a esta polémica, han surgido consecuentemente distintas ediciones del poemario en cuestión, dependiendo del criterio adoptado por el editor. Las diferencias entre ellas radican fundamentalmente en la ordenación y la

---

5. Las diferencias entre estas dos primeras ediciones no tienen la entidad suficiente para que no sea aceptado, como base de una edición fidedigna, lo que hoy podemos reconstruir del original perdido de este poemario. Andrew A. Anderson ha sintetizado dichas diferencias en su artículo «*Poeta en Nueva York* una y otra vez», Crotalón, núm. 2, 1986, pp. 124-145.

6. Para los que defienden la tesis de los dos textos, *véase*: Eutimio Martín, «¿Existe una versión definitiva de *Poeta en Nueva York* de Lorca?», *Ínsula*, núm. 310, pp. 1-10; y «Contribution à l'étude du cycle poétique new-yorkais: "*Poeta en Nueva York*", "*Tierra y Luna*" et autres poèmes». Tesis doctoral, Universidad de Poitiers. Miguel García Posada, *Lorca: interpretación de «Poeta en Nueva York»*, Akal, Madrid, 1981. Defienden la tesis contraria: Richard Predmore, en *Los poemas neoyorquinos de Federico García Lorca*, Taurus, Madrid, 1985; y Andrew Anderson, en «Lorca's New York Poemas», en *A Contribution to the Debate, Forum for Modern Language Studies*, XVII, 3 (julio 1981), pp. 256-270; este último también en «The Evolution of García Lorca's Poetic Projects 1929-36 and the Textual Status of Poeta en Nueva York», *Bulletin of Hispanic Studies*, LXI (1983), pp. 221-246.

distribución de los poemas, más que en su contenido semántico.

La edición que hoy presentamos ofrece un texto de *Poeta en Nueva York* integral, orgánico, completo, no dividido, de acuerdo con las intenciones de su autor en 1936. Esta postura de no escisión es actualmente la que tiene mayor apoyo entre la crítica lorquista.

Además, incluimos «Amantes asesinados por una perdiz», narración destacada por el mismo autor como perteneciente al poemario neoyorquino.

II. Lorca y el surrealismo

Entre 1920 y 1930 aproximadamente, se origina y desarrolla en Francia el surrealismo, fechas coincidentes con la evolución de la generación española del 27, que comienza a publicar sus obras hacia 1920 y es cercenada y dividida en 1936 por la Guerra Civil.

Esta contemporaneidad permite sospechar que, a pesar de sus radicales diferencias, deben de haberse ejercido ciertas influencias recíprocas, aunque atenuadas por la fuerte personalidad española que hace que cualquier movimiento literario o no, al pasar los Pirineos, cambie y se impregne de un carácter distintivo y propio. (Tal es el caso de Federico García Lorca, perteneciente a la generación del 27.)

Cultos, abiertos, críticos, los miembros de esa generación española acogieron parte de las tendencias de las vanguardias europeas, pero también supieron hacer suya la tradicionalidad y equilibrar con toda felicidad dicho vanguardismo.

Dice Ricardo Gullón:

En los españoles, la repulsa de la ortodoxia es deliberada. Su ingreso en la surrealidad no les confinaba en territorio extraño, sino en un espacio poético con el que se sentían familiarizados [...] Utilizar procedimientos del surrealismo sin someterse a sus dictados y utilizarlos por pura exigencia creativa, sin atribuir demasiada importancia a su procedencia, era asegurarse ilimitada libertad de movimientos. Toman lo que necesitan donde lo encuentran [...] poniéndolo al servicio de lo que pretenden expresar en ese momento.[7]

Si por surrealismo entendemos lo que entendieran Bretón, Aragón y otros teóricos del movimiento, *Poeta en Nueva York* nada tendría que ver con esa tendencia literaria, y Lorca –uno de los poetas que con más brillantez ha utilizado técnicas surrealistas en un sector importante de su obra– no sólo quedaría al margen sino en declarada oposición al movimiento.

El surrealismo, tal como lo entendiera Bretón, se definiría como:

Automatismo psíquico por el cual nos proponemos expresar, ya verbalmente, ya por escrito, ya de cualquier otra manera, el funcionamiento real del pensamiento [...] en ausencia de todo control ejercido por la razón, y al margen de toda preocupación estética o moral.[8]

Como método más adecuado para que la imaginación dé lo mejor de sí señala el funcionamiento sin trabas del pen-

7. Ricardo Gullón, «¿Hubo un surrealismo español?».en *Surrealismo/Surrealismos. Latinoamérica y España*, University of Pennsylvania Press, Filadelfia, 1977, p. 125.
8. Carlos Mangone y Jorge Warley, *El manifiesto*, Ed. Biblos, Buenos Aires, 1993, p. 39.

samiento. Se excluye el control de la razón escribiendo como al dictado de una fuerza interior surgida de la ensoñación diurna o de los momentos que preceden al sueño, y que permiten a las palabras unirse según sus propias leyes.

Sueño, inconsciente y escritura automática son los elementos que entretejen el mundo literario del surrealismo.

En 1928, año de auge del vanguardismo peninsular, Lorca, refiriéndose a unos poemas que ha enviado a su amigo, el crítico Sebastián Gash, joven vanguardista catalán, escribe:

> Responden a mi nueva manera espiritualista, emoción pura, descarnada, desligada del control lógico, pero, ¡ojo!, ¡ojo!, con una tremenda lógica poética. No es surrealismo, ¡ojo!, la conciencia más clara los ilumina.[9]

Esa conciencia clara es un rotundo no al surrealismo tal como lo definió Bretón en su manifiesto.

En 1932, en «De viva voz a Gerardo Diego» declara:

> Si es verdad que soy poeta por la gracia de Dios —o del demonio—, también lo es que soy poeta por la gracia de la técnica y el esfuerzo, y de darme cuenta en absoluto de lo que es un poema.[10]

A pesar de la persistencia temática del sueño en su obra, Lorca tampoco podría comulgar con el segundo importante principio del surrealismo bretoniano. En otra carta a Gash, leemos:

9. Federico García Lorca, *Obras completas*, Aguilar, Madrid, 1966, p. 1654 (carta a Sebastián Gasch).

10. Ibídem, p. 167 (en «De viva voz a Gerardo Diego»).

y este soñar mío no tiene peligro en mí, que llevo defensas; es peligroso para el que se deja fascinar por los grandes espejos oscuros que la poesía y la locura ponen en el fondo de sus barrancos. Yo estoy y me siento con pies de plomo en el arte.[11]

De este modo, sería empobrecedor y erróneo suponer que las obras en que Lorca utiliza ciertas técnicas surrealistas responden a la escritura automática. Para Federico, las técnicas son sólo eso, están «en función de» y le dan la posibilidad de expresarse según lo requiera.

Ahora bien, si entendemos por surrealismo las actitudes y procedimientos que facilitan la comunicación del mundo más íntimo del artista con el mundo exterior; la adhesión a un arte libre de ataduras que posibilita la expresión sincera; el derribar los límites de la lógica para mostrar mejor una realidad otra; el lenguaje corrosivo de la obra, su sorprendente imaginería; su manera de unir elementos hasta entonces no conjugados para desautomatizar la realidad y hacerla visible imponiendo una visión de las cosas distinta a la habitual; y la mutación constante a la que está sometida la «realidad» (entre otras cosas) para reflejar su devenir caótico, sin duda podremos considerar, consecuentemente, a *Poeta en Nueva York* una obra de corte surrealista, rebelde y libre (no supeditada a las normas y limitaciones del grupo de Bretón).[12]

11. Ibídem, p. 1656 (otra carta a Sebastián Gasch).

12. Un resumen de las características lingüísticas presentes en casi todos los poetas españoles que dejaron obras de corte surrealista dentro de la generación del 27 se encuentra en la excelente y clarísima síntesis de Yolanda Novo Villaverde, *Vicente Aleixandre, poeta surrealista*, Universidad de Santiago de Compostela, 1980, pp. 49-56. Para profundizar en este tema recomiendo además la lectura de: Virginia Higginbotham, «La iniciación de Lorca en el surrealismo», en *El surrealismo*, ed. Víctor G. de la Concha, Taurus (El escritor y la crítica, Persiles 138), Madrid, 1982, pp. 240-254.

III. Una obra: varias lecturas

En torno a *Poeta en Nueva York* han surgido básica-
mente tres tipos de lectura:

a) La que hace hincapié en la crisis social y económica
que conmocionó al capitalismo moderno con el hundimiento
de la Bolsa neoyorquina en 1929, aprehendida por Lorca en
su estancia en Nueva York, y que reflexiona además sobre un
sistema que se basa en las relaciones que guardan opresores y
oprimidos.

b) La que ve a la obra únicamente como sublimación de
una fuerte crisis personal que el poeta acarrea desde España
(fracaso amoroso –ruptura con su amante, el escultor Emilio
Aladrén Perojo–, enfrentamiento con su propia homosexua-
lidad y sentimiento de abandono y hasta traición por parte de
varios amigos –entre ellos, Salvador Dalí).

c) La que repara sólo en la crisis de su propia evolución
literaria con el emerger de las técnicas surrealistas, conse-
cuencia lógica de la crisis que toda la poesía moderna sufre y
que se refleja en el surgimiento de los «ismos» vanguardistas.

Elegir una lectura, sacrificando las otras, significaría
empobrecer y empañar la riqueza y el brillo de la obra, ya que
los poemas que la conforman son –como antes dijimos– re-
sultado de esa triple crisis, que afectará integralmente tanto a
lo temático como a lo formal. El poemario encontrará cohe-
sión y sentido sólo si tenemos en cuenta las tres quiebras con-
flictivas que, conjugadas, darán por resultado un texto sub-
versivo y original.

Fernando Vela, «El suprarrealismo», en *Revista de Occidente,* VI, núm. 18,
Madrid, diciembre de 1924, pp. 428-434. Dámaso Alonso, «Una genera-
ción poética (1920-1936)», en *Poetas españoles contemporáneos,* Gredos,
Madrid, 1965, pp. 166-169. Jorge Guillén, «Lenguaje de poema, una

IV. «Nueva York en un poeta» y «Un poeta en Nueva York»

Dice Federico García Lorca en su «Conferencia recital» sobre *Poeta en Nueva York*:

> No voy a decir lo que es Nueva York por fuera, porque, juntamente con Moscú, son las dos ciudades antagónicas sobre las cuales se vierte ahora un río de libros descriptivos; ni voy a narrar un viaje, pero sí mi reacción lírica con toda sinceridad y sencillez.[13]

Reacción lírica ante un mundo nuevo, que implica introspección y proyección, no descripción objetiva ni cronológica de su estancia en la modernísima metrópoli, no reconocimiento de los encantos o defectos que puede mostrar una ciudad en su superficie —y que sí describe familiarmente en las cartas que envía a sus padres—,[14] sino experiencia íntima que si bien surge de su estancia en Nueva York (mundo referencial) se recrea en su imaginación y organiza mediante un sistema propio de símbolos que da por resultado una visión peculiar.

> He dicho «un poeta en Nueva York» y he debido decir «Nueva York en un poeta». Un poeta que soy yo.[15]

Nueva York arrastrada por el «avance» técnico y sumergida en el capitalismo lo impresiona, transformándose en un símbolo patético del sufrimiento, en una nueva ciudad reves-

generación»,en *Lenguaje y poesía*, Alianza, Madrid, 1972, pp. 183-196.
13. Op. cit., p. 111.
14. Ibídem, pp. 35-90.
15. Ibídem, p. 111.

tida de valores negativos, adversa para el hombre, destructora de los valores genuinamente humanos sacrificados en favor de un progreso sin raíces. Y le hace sentir, en la soledad que aísla a miles de personas, la propia soledad que traía dentro de sí, intensificándola y proyectándola en su obra, al contacto con el desgarramiento que la sociedad americana le impone.

La gran urbe logra, por sus características, que emerjan los conflictos internos del poeta, los refleja y refracta dándoles la posibilidad de trascender lo puramente personal, trasladando su protesta a un plano social (movimiento proyectivo). De este modo, Federico se solidariza con los seres que, como él, están sometidos a un orden distinto del que les es natural, sujetos a los valores e intereses de quienes detentan el poder social.

V. Análisis del poemario

Un detenido análisis nos ha llevado a entender que lo que hila todo el poemario, estructurándolo internamente, tanto en lo temático como en lo formal, es *un doloroso sentimiento de pérdida, producto de una fuerte crisis personal y del impacto que supuso para la sensibilidad del poeta el choque con una realidad que lo supera.*

Dicho sentimiento toma por momentos, a partir de un movimiento introspectivo, cierto matiz de *reclamo* (personal), o de *denuncia* (social) en movimiento proyectivo, que organizan la obra dividiéndola −a nuestro criterio− en dos grandes partes que se corresponden simétricamente de acuerdo con dichos movimientos.

Aboquémonos ahora al análisis de la primera parte.

V.1. PRIMERA PARTE

V.1.1. Introspección y reclamo

El rechazo del mundo civilizado, repudiado por su indiferencia ante lo esencialmente humano, origina la necesidad de una vuelta al mundo natural como ámbito superior, en el que todo esté armónicamente integrado, sin limitar, ni dividir, dando así lugar a los temas de la anticivilización y del paraíso perdido.

Esta necesidad es la que lleva al yo lírico a replantearse –en la primera sección del poemario, «Poemas de la soledad en Columbia University»– su actual situación (inmerso y solo como se encuentra en una realidad que le es extraña) y remontarse al mundo de su infancia perdida. Este apartado es tal vez el más intimista e introspectivo del conjunto.

El epígrafe de Cernuda, «Furia color de amor / amor color de olvido»,[16] que lo encabeza, nos presenta en forma sintética la situación anímica del viajero inmerso en este nuevo mundo, relacionando, a nuestro entender, la furia de amor pasado, de la que escapa, con el olvido que debería imponer la distancia.

En el primer poema de esta sección «Vuelta de paseo» se expresa la angustia del poeta[17] recién llegado a la metrópo-

---

16. Estos versos pertenecen al poema de Cernuda «La canción del oeste», de su obra *Un río, un amor* (1929) y relacionan el olvido con la furia amorosa del protagonista poético. Como dice su autor: «Una hoguera transforma en ceniza recuerdos», mientras «Lejos canta el oeste, / Aquel oeste que las manos antaño / Creyeron apresar como el aire a la luna; / Mas la luna es madera, las manos se liquidan / Gota a gota, idénticas a lágrimas.»

17. Siempre que utilizamos este término nos referimos al «poeta» de *Poeta en Nueva York*, al yo lírico, y no a Federico García Lorca.

li, quien, perdido en la ciudad «entre las formas que van hacia la sierpe» (es decir, que obedecen ciegamente a impulsos instintivos, terrenales) y las que «buscan el cristal» (elemento artificial que connota luz refractada, civilización), incomunicado como todo lo que «tiene cansancio sordomudo / y mariposa ahogada en el tintero», se siente «asesinado por el cielo», tropezando –en medio de tanta confusión– con su propio rostro que se hace más extraño cada día. Todas las imágenes denuncian la mutilación y el silencio.

En «1910 (Intermedio)» experimenta, además, nostalgia de su infancia pasada, de su inocencia e ingenuidad perdidas, ante su actual situación que lo obliga a enfrentarse con el hecho ineludible de la desaparición de todo lo vivo, «las cosas / cuando buscan su curso encuentran su vacío» dejando sólo «un dolor de huecos por el aire sin gente», huecos que no significan otra cosa que ausencia de la forma, vacío dejado por los objetos antes existentes y hoy desaparecidos, pérdida de todo lo asociado con el paraíso, muerte.

Los dos poemas restantes que conforman esta primera sección introspectiva, surgida de la nostalgia que le causa el choque con la ciudad, son: «Tu infancia en Mentón» y «Fábula y rueda de los tres amigos».

El primero, precedido por el epígrafe de Guillén, «Sí, tu niñez: ya fábula de fuentes» (que como en el primer caso vuelve a unir viaje y nostalgia), evoca al amor perdido de la niñez pasada, del que se quiere recuperar el «alma tibia sin ti que no te entiende» del mismo modo que Guillén pretende recuperar en su poema «Los jardines» –de la sección 3 de *Cántico*, «El pájaro en la mano»– el tiempo «en profundidad», «su interior» y «muchas tardes para siempre juntas».

Son fuertes las alusiones al amor homosexual «Norma de amor te di, hombre de Apolo» (Dios poco adepto a las mujeres y que conoció el amor de los efebos) y el *reclamo* de liber tad para amar en una sociedad que lo condena («No me tapen la boca los que buscan / espigas de Saturno por la nieve / o castran animales por un cielo, / clínica y selva de la anatomía»).

El segundo evoca a los antiguos amigos hoy helados, enterrados y quemados como él en un mundo hecho de lujuria, valores falsos y muerte, y da origen a dos procesos importantes dentro de este poemario. En primer lugar, objetiva los dolorosos sentimientos del yo lírico en una realidad concreta (en estos tres muertos danzantes), movimiento semejante al que se produce en la proyección de ese mismo dolor en el símbolo neoyorquino. Y, en segundo término, describe el mundo de la muerte que llega a cobrar vida, al igual que sucede en otras composiciones de la obra.

Hasta aquí, el apartado que abre el poemario y parece decirnos desde el título «estoy aquí, ésta es mi situación».

Lo que se *reclama* es una vuelta a un pasado donde «el corazón (no) tiembla arrinconado como un caballito de mar», que le permita encontrarse (búsqueda existencial) sin seguir «tropezando con (su) rostro distinto de cada día».

V.1.2. Proyección y denuncia

El segundo y tercer apartado, «Los negros» y «Calles y sueños», respectivamente, nos situarán en otro plano; la perspectiva será: «a partir de mi situación y del sentimiento de pérdida que siento (infancia, amor, amigos) salgo a la calle y veo».

Lo que prevalece es la *denuncia* del orden establecido, en fuerte oposición con un orden natural primero, más consustancial con la esencia del ser humano.

El sentimiento de angustia por el pasado perdido y muerte (sección primera) trasciende de este modo lo personal y se refuerza con el sentimiento de pérdida del orden social que provoca la sublevación del yo poético, adquiriendo mayor intensidad y el ya mencionado carácter de denuncia, mediante un movimiento proyectivo.

Dice el autor al presentarla en su conferencia recital:

> Hay que salir de la ciudad y hay que vencerla, no se puede uno entregar a las reacciones líricas sin haberse rozado con las personas de las avenidas y con la baraja de hombres de todo el mundo.
>
> Y me lanzo a la calle y me encuentro con los negros [...]. Yo quería hacer el poema de la raza negra en Norteamérica y subrayar el dolor que tienen los negros de ser negros en un mundo contrario, esclavos de todos los inventos del hombre blanco y de todas sus máquinas, con el perpetuo susto de que se les olvide un día encender la estufa de gas o guiar el automóvil o abrocharse el cuello almidonado [...]. Porque los inventos no son suyos, viven de prestado [...]. Pero yo protestaba todos los días. Protestaba de ver a los muchachillos negros degollados por los cuellos duros, con trajes y botas violentas, sacando las escupideras de hombres fríos que hablan como patos. Protestaba de toda esta carne robada al paraíso, manejada por judíos de nariz gélida y alma secante.[18]

Tanto «Los negros» (sección II), como los gitanos en su anterior poesía, llaman la atención de Lorca por ser «los distintos», los «primitivos» frente al nuevo orden, los marginados de la sociedad civil, los desterrados de su paraíso, los apartados total o parcialmente de la fruición del «bienestar» y por consiguiente del correcto vivir burgués. Encuentra en ellos las instancias primitivas de ingenuidad, pureza, moralidad natural y, sobre todo, libertad instintiva; y expresa la sor-

---

18. Op. cit., p. 113.

da desesperación de quienes (como él) se ven obligados a añorar el paraíso perdido sin la esperanza de poder reconquistarlo.

El poeta vuelve a proyectar su propio dolor, su sentimiento de pérdida, su deseo de libertad, en los negros de esta segunda sección que como él están inmersos en un sistema que no les es propio.

Víctimas y esclavos de la «civilización» y sus costumbres son de este modo la contrapartida (oprimida) del mundo de los blancos (opresores), y se transforman en herederos del orden natural frente al social.[19]

Así, en «Norma y paraíso de los negros» encontramos, frente «al pleamar de la blanca mejilla» (plenitud y opulencia de la civilización americana, del hombre blanco), a quienes «aman el azul desierto /[...]/ la mentirosa luna de los polos, / la danza curva del agua en la orilla», imágenes todas del mundo-naturaleza-paraíso perdido, del que sólo queda «el hueco de la danza ¡sobre las últimas cenizas!».[20]

Su rey, «El rey de Harlem», desplazado del sitio que por naturaleza le corresponde «le arrancaba los ojos a los cocodrilos / y golpeaba el trasero de los monos», rito grotesco, salvaje e inútil que refleja la rabia y la muda impotencia contenida por el dolor de un pueblo que ya no querrá seguirlo. Y frente a éste, nuevamente el mundo del «rubio vendedor de aguardiente», de «Las muchachas americanas / (que) llevaban niños y monedas en el vientre» y de los muchachos que «se desmayaban en la cruz del desperezo» y «beben el whisky de

---

19. Para profundizar en este tema *véase* Piero Menarini, «Emblemi ideologici del Poeta en Nueva York», *Lingua e Stile*, VII (1972), pp. 181-197.

20. Revisar el significado de hierbas y hueco en *El público: amor y muerte en la obra de Federico García Lorca* de Rafael Martínez Nadal, ed. Joaquín Mortiz S.A., México, 1970, pp. 91-104.

plata» (representantes del mundo del hombre blanco), que deberán morir para que el rey vuelva a cantar con su muchedumbre tras el *reclamo* de la «Sangre que busca por mil caminos muertes / enharinadas y ceniza de nardos». Sangre «que vendrá / por los tejados y azoteas, por todas partes, / para quemar la clorofila de las mujeres rubias»; sangre que traerá consigo al nuevo orden natural.

Como dijimos, la antinomia blancos/negros es clarísima como correlato de los pares civilización/naturaleza y opresores/oprimidos (de los que también forma parte el poeta —transformándose por momentos en su voz). Lo que prevalece en este plano es la *denuncia*.

> ¡Ay, Harlem! ¡Ay, Harlem!
> No hay angustia comparable a tus ojos
>   oprimidos,
> a tu sangre estremecida dentro del eclipse
>   oscuro,
> a tu violencia granate, sordomuda en la
>   penumbra.
>
> . . . .

La sección siguiente, «Calles y sueños», se abre con los versos de Aleixandre, «Un pájaro de papel en el pecho / dice que el tiempo de los besos no ha llegado», pertenecientes al poema «Vida» de su libro *La destrucción o el amor*.

No es casual este juego intertextual. El pájaro de papel (elemento artificial y como todo lo artificial destructor de la armonía natural universal, tanto en la concepción de Vicente como en la de Federico, proveniente del surrealismo) es quien anuncia el desamor y éste, a su vez, quien desencadena la crisis tanto personal como social.

El hombre desterrado del paraíso (armonía absoluta

donde la naturaleza es la norma) por infringir las reglas del fin armonioso y la armoniosa correspondencia, queda imposibilitado de unirse en comunión con el todo.

Como dice Aleixandre: «el tiempo de los besos no ha llegado», no ha llegado el tiempo del amor, y lo que prima en la realidad neoyorquina experimentada por Lorca es la destrucción, la desarmonía, en un mundo frío y tecnológico que se ha olvidado de amar, como el mismo protagonista poético no puede amar en medio de un sistema que lo condena.

La imagen de la ciudad, tal como la ve el poeta, es presentada en medio de este caos. Y quien danza en ella es «la muerte», muerte que obsesiona a Lorca y aparece de una forma u otra, colándose en toda su obra, muerte que se erige contra los integrantes del sistema capitalista dando la posibilidad de bailar al primitivo mascarón que «escupe veneno de bosque / por la angustia imperfecta de Nueva York».

De este modo, el mascarón (símbolo ambivalente de los instintos primigenios del hombre —de la raza negra en particular— y de muerte) «viene del África a New York» y avanza por el desolado paisaje urbano anunciando el advenimiento de un nuevo orden que aparece bajo la égida de la naturaleza.

Habiendo llegado el «momento de las cosas secas», de que aparece la gran reunión de los animales muertos», «En la marchita soledad sin onda», «El ímpetu primitivo baila con el ímpetu mecánico».

Este poema, escrito dos meses después de la caída de la Bolsa norteamericana, en diciembre de 1929, parece ser el testimonio que el autor quiere dejarnos, su reacción lírica frente a este hecho: «Yo lo digo. / El mascarón bailará entre columnas de sangre y de números, / entre huracanes de oro y gemidos de obreros parados / que aullarán, noche oscura, por tu tiempo sin luces. / ¡Oh salvaje Norteamérica, oh impúdica! ¡Oh salvaje! / Tendida en la frontera de la nieve.»

Al mundo subyugado, esclavizado por la lujuria y el poder, le ha llegado la hora de la destrucción, por eso los que bailan en esta «Danza de la muerte» no son los muertos sino «los borrachos de plata», «los hombres fríos», «los que duermen en el cruce de los muslos y llamas duras», «los que beben en el banco lágrimas de niña muerta», los que no saben comprender la fuerza del amor.

> Una vez más, el autor ha agrupado en una sola composición varias de las perspectivas contenidas en la obra, uniendo su situación personal a su visión de la gran ciudad. Al mismo tiempo, insiste en uno de sus temas fundamentales, la lucha del mundo natural contra el mecánico, presente en las dos composiciones dedicadas a los negros y de gran repercusión en todo el poemario.[21]

La contrapartida del mascarón que danza en esta apocalíptica ciudad es la mujer gorda de «Paisaje de la multitud que vomita», símbolo del capitalismo, que con su gula de consumo, arrasa provocando la náusea y el vómito de quienes la ven avanzar destruyéndolo todo.

Si el mascarón traía consigo muerte, que era a su vez germen del primitivo reino natural, la mujer gorda sólo dejará a su paso muerte pura, «pequeñas calaveras de paloma», «muertos [...] que nos empujan en la garganta» y esterilidad («mujeres vacías»). Ante su avance, «algunas niñas de sangre» (que todavía son fértiles) «pedían protección a la luna».

El poeta se siente una vez más «perdido/entre la multitud que vomita», solo en medio del gran desorden, desampa-

---

21. María Clementa Millán en *Poeta en Nueva York*, REI, México, 1988, p. 249.

rado, sin pasión amorosa que lo defienda de la destrucción, sin «caballo efusivo que corte / los espesos musgos de mis sienes», volviendo a objetivar de este modo sus propios sentimientos en la realidad de Coney Island.

El resto de los poemas que integran la sección repiten desde distintos ángulos los mismos motivos de soledad y muerte en esta Nueva York ajena a los valores esencialmente humanos. La máxima tensión se logra en «Ciudad sin sueño», que ofrece una visión de la ciudad en vigilia ante la amenaza de la muerte y el posterior e inminente ataque del mundo africano.

Sobre el final, «Panorama ciego de Nueva York» y «Nacimiento de Cristo» parecen darnos señales de un nuevo amanecer, una esperanza. En el primer caso, «algunos niños idiotas han encontrado por las cocinas / pequeñas golondrinas con muletas / que sabían pronunciar la palabra amor». No es casual que quienes encuentran a las golondrinas con muletas (artificio muy común en el Lorca de esta etapa, que toma animales deformes o muertos y generalmente pequeños e indefensos para reflejar la pérdida de la naturaleza y su potencial frente al mundo neoyorquino) sean niños (junto con los negros, representantes de la libertad originaria) y justamente idiotas (representantes de la pureza, propuesta alternativa a la manera común de ver las cosas, libres de esquemas impuestos y normas a las que se ajustan los sanos). Sus ojos ya habían sido en «Paisaje de la multitud que orina» propuestos como «paisajes [...] que producen fresquísimas manzanas», «campos libres» por los que habrá que viajar para ver «la luz desmedida / que temen los ricos detrás de sus lupas».

Quizá sea en el final de este poema donde la esperanza se evidencia de manera más clara: «No hay dolor en la voz» Aquí sólo existe la Tierra. / La Tierra con sus puertas de siempre / que llevan al rubor de los frutos.»

Pero en el segundo caso, un nacimiento que debería traer consigo al nuevo día, intensificando el sentimiento que se vislumbra en el poema anterior, se nos presenta de manera nada jubilosa. Sembrado de signos de muerte, anticipa una aurora que no es posible en un mundo insensible.

Así, en el siguiente poema, «La aurora llega y nadie la recibe en su boca / porque allí no hay mañana ni esperanza posible», nadie en Nueva York está preparado para recibirla en una nueva comunión que restaure la armonía universal.

El poemario se cierra entonces con la misma desolación que abre y reúne al conjunto: «no habrá paraíso ni amores deshojados: / saben que van al cieno de números y leyes, / a los juegos sin arte, a sudores sin fruto. / La luz es sepultada por cadenas y ruidos / en impúdico reto de ciencia sin raíces.»

Con ritmo furioso y vertiginoso, la última composición, parece recolectar todos los elementos (diseminados en el poemario) que condenan al hombre (por el sistema) a vivir desterrado del paraíso, cerrando en forma perfecta la sección con su *denuncia*.

V.1.3. Huida y esperanza de recuperación (muerte)

Las secciones IV («Poemas del lago Eden Mills») y V («En la cabaña del Farmer») fueron escritas a fines del verano de 1929, antes de la sección III, «Calles y sueños», cuyos poemas fueron fechados en su mayoría en diciembre; por lo tanto, cronológicamente, el lugar que ocupan en el poemario no sería el correcto pero su ubicación responde a la lógica propia del esquema poético. Según Ángel del Río, entre ambas formarían un «bucólico interludio».[22]

---

22. Ángel Del Río, «*Poeta en Nueva York*, pasados los veinticinco años», *Estudios sobre literatura contemporánea española*, Gredos, Madrid, 1972, p. 268.

El poeta (tras el «naufragio de sangre» −verso n.º 20 del poema «La aurora»− experimentado y denunciado) ha huido de Nueva York. En este nuevo escenario, fuera de la gran ciudad, vuelve a centrarse en un mundo íntimo, recobrando parte de la temática de la primera sección.

El sentimiento de pérdida que en todo el primer apartado tiene una dimensión personal (de *reclamo*) y en las secciones II y III, se proyecta y adquiere un carácter colectivo (de *denuncia*), recreando además el movimiento introspectivo/proyectivo de todo el poemario, sigue haciéndose presente, tal vez en forma más intensamente evocativa, en estas composiciones.

¿Es casual que Federico decidiera que, tras la huida desesperada de Nueva York, al no poder encontrar allí esperanza posible, el protagonista poético fuera a buscar lo perdido justamente al lago Eden?

Creemos que no, sobre todo si pensamos que estos poemas fueron escritos verdaderamente en Vermont y podían haber formado una unidad con la sección VI.

Sin embargo, el poeta los separa de ésta, ya que lo que prima en ellos es el deseo de escapar de su angustiante situación, a través de su «voz libertada» y encontrar «el primer paisaje» −verso n.º 5 de «Cielo vivo»−, el Eden; emparentándolos temáticamente con la sección V, en la cual (a pesar de objetivarse su dolor ante la evidente pérdida del paraíso −muerte−, en otros personajes) sigue manifestándose su deseo de *recuperación* de modo imperativo: «Stanton, vete al bosque» o «¡Levántate del agua!». Reforzándose de este modo la estructura interna del poemario.

El primer poema de la sección IV se abre con un epígrafe de Garcilaso (verso 1146 de la égloga segunda) que refuerza la atmósfera propia de las composiciones bucólicas. En dicha égloga el sentir de su autor se desdobla y proyecta en dos personajes, Salicio y Nemoroso, que hablarán sobre su intimidad una vez que «Nuestro ganado pace, el viento espira», en un proceso semejante al producido en «Poema doble del lago Eden» por la voz antigua y la voz actual del poeta en Nueva York.

El protagonista poético añora su «voz antigua / ignorante de los densos juegos amargos», la voz del amor y la verdad, la voz del abierto costado, como añoró en «1910 (Intermedio)» a «Aquellos ojos míos de mil novecientos diez», y la identifica con un tiempo de plenitud en que sí podía expresarse: «cuando todas las rosas manaban de mi lengua».

Ésta es la voz del ayer, del pasado perdido, de la niñez, situada antes del apremio del deseo sexual o del dolor de la castración, cuando: «¡[...] el césped no conocía la impasible dentadura del caballo!» –este último, símbolo del deseo y vigor sexual, del instinto que lleva a menudo al dolor o a la muerte–. Y es la voz que –como dijimos– se quiere recuperar para volver a entrar al paraíso, «al bosque de los desperezos / y los alegrísimos saltos», para poder recuperar su libertad, su amor humano, hoy imposible de concretar.

Frente a ésta se alza su voz de hoy que conoce «el uso más secreto que tiene un viejo alfiler oxidado» y sabe «del horror de unos ojos despiertos / sobre la superficie concreta del plato»[23] y *reclama*: «¡Oh voz antigua, quema con tu lengua / esta voz de hojalata y de talco!» para poder «decir mi verdad de hombre de sangre / matando en mí la burla y la sugestión del vocablo».

Inmerso en una realidad en la que «la bruma y el Sueño y la Muerte me estaban buscando [...] donde flota mi cuerpo

---

23. Para comprender esta «imaginería del horror» revisar: «La iniciación de Lorca en el surrealismo», de Virginia Higginbotham, en *El surrealismo*, ed. Víctor García de la Concha, Taurus (El escritor y la crítica, Persiles 138), Madrid, 1982, pp. 245-247.

entre los equilibrios contrarios», reclama una nueva expresión literaria que manifieste su situación actual (de rosa, niño y abeto), una «voz mía libertada» que exprese al «pulso herido que ronda las cosas del otro lado», que es el mismo poeta, y lo reintegre al edén.

Me parece lícito citar aquí, para profundizar en esta lectura, algunas palabras que Ian Gibson dice a propósito de este poema:

El auténtico Federico García Lorca (quiere llorar diciendo su nombre) [...], el propio poeta, se conoce a través de tres palabras: rosa, niño, abeto. Puede ser que, en este contexto, «rosa» indique la presencia de cierta sensibilidad femenina; «niño», el estado de indiferenciación sexual característica de la infancia, cuando es normal —y la sociedad la acepta como tal— la atracción hacia personas del mismo sexo, y que «abeto» tenga un simbolismo parecido al que Lorca le otorga explícitamente en el poema «Idilio», de *Canciones:*

> Tu querías que yo te dijera
> el secreto de la primavera.
>
> Y yo soy para el secreto
> lo mismo que el abeto.
>
> Árbol cuyos mil deditos
> señalan mil caminitos...

Se ha sugerido que la abundancia de caminos aludida podría ser la condenada por la moral cristiana tradicional, para la cual el único camino sexual legítimo es el que conduce al matrimonio.[24]

---

24. Ian Gibson, *Federico García Lorca. De Nueva York a Fuente Grande (1929-1936)*, Grijalbo, Barcelona, 1987, p. 43.

Resumiendo, el yo lírico invoca con su sometida voz de hoy a su «antigua voz», para que lo devuelva íntegro al paraíso perdido de la niñez asexuada y *reclama* libertad para amar y gritar su actual verdad con un lenguaje que la conjugue («matando en mí la burla y la sugestión del vocablo») en un mundo que lo condena, retomando explícitamente la triple crisis de la que hablamos al principio de este estudio (personal, literaria y social) y su deseo de volver al edén.

El poema siguiente lleva el título de «Cielo vivo» y retoma algunos de los aspectos de la composición anterior.

En la sección titulada «En la cabaña del Farmer», persiste el tono sereno pero se recrea el tema de la muerte que aparece en los tres poemas que la componen, pero con un matiz diferente al que toma en las secciones II y III ya revisadas.

Más sutil, silencioso y familiar parece ser el preludio del apartado siguiente: «Introducción a la muerte», donde ésta se entrona y pasa a ser el tema dominante.

Nuevamente el dolor del viajero, sus miedos, el sentimiento de pérdida del paraíso que implica muerte, se objetivan en otros personajes que además dan nombre a los poemas que integran la sección: «El niño Stanton», «Vaca» y «Niña ahogada en el pozo».

El primero será para el poeta el portador de la niñez, el lugar de resistencia desde donde hacer frente al angustiado sentimiento que lo domina: «Cuando me quedo solo / me quedan todavía tus diez años», será el hijo ansiado que no tuvo (símbolo de realización amorosa, de vida, de trascendencia) que lo defenderá del dolor y de la muerte que acecha permanentemente, esta vez en la figura del cáncer.

La vaca del segundo poema será un personaje sacrificial (perspectiva que se refuerza al asociarla con la mítica vaca de «Crucifixión» en la que se identifica a Cristo) que muere en medio de quienes quieren comérsela, permitiéndole a Lorca recrear el tema del horror y la compasión (padecer con) experimentado por el protagonista del poemario, ante el dolor y la muerte de los débiles (con quienes se identifica) en este nuevo mundo. Será además un nuevo exponente de la desintegración que está viviendo el poeta, y que buscará también su manifestación en la figura de la niña ahogada de la siguiente composición.

Esta niña «Tranquila en mi recuerdo» que no puede salir del círculo del pozo en que se ha ahogado, dentro de esa agua detenida que no desemboca nunca (opuesta al agua del río, que lleva a la desembocadura, a las olas nunca repetidas del océano, símbolo de vida que lleva indefectiblemente a la muerte —porque al hombre no le queda otro destino—, pero que es a la vez liberación/vida), objetiva el sentimiento del yo lírico, quien también está condenado a padecer soledad, muerte amorosa, ahogado en un círculo del que tampoco puede salir, porque tampoco él puede desembocar en otra vida, en un hijo que sea una nueva aurora, preso quizá de su sentimiento del «lado oscuro», de su homosexualidad.

A ambos les queda sólo el «afilado límite» del pozo en que se ahogan. «¡Oh filo de mi amor! ¡Oh hiriente filo!» dirá el poeta en «Navidad en el Hudson», cuando se siente «degollado», recreando de otra forma la misma muerte de amor a manos del mismo filo.

En los tres casos, la muerte, de una forma u otra, acecha a estos personajes con quienes se identifica el poeta, permitiéndole hablar de su agonía, de su propia pérdida y de su deseo de recuperación.

Tras la huida, no puede desprenderse de la angustia ni de los temas que lo mortifican, recreándolos una y otra vez a partir de la reflexión, volviendo de esta forma a proyectar en el medio en que se mueve sus propios conflictos: *reclamando* la vuelta al paraíso perdido: «vete al bosque con tus arpas judías, / vete para aprender celestiales palabras / que duermen en los troncos, en nubes, en tortugas / [...] / en lirios que no duermen, en aguas que no copian, / para que aprendas, hijo (prolongación del propio yo), lo que tu pueblo olvida». Y *denunciando* a un mundo que lo ahoga y vuelve a desterrarlo: «¡Cada punto de luz te dará una cadena! / ... que no desemboca», «Agua fija en un punto, / respirando con todos sus violines sin cuerdas / en la escala de las heridas y los edificios deshabitados. / ¡Agua que no desemboca!»

V.1.4. Recapitulación

Hemos trabajado hasta aquí con las cinco primeras secciones que integran el poemario del total de las diez que lo componen. Esta primera gran parte está integrada, según se ha visto, por:

a) Una primera sección introspectiva donde lo que prevalece es el *reclamo* de los bienes perdidos tras el destierro.

b) Dos secciones en las cuales los mismos valores reclamados en el apartado anterior, los mismos temores, se proyectan al plano social, prevaleciendo la *denuncia*.

c) Dos secciones (donde el yo lírico se ubica espacialmente fuera de la ciudad) llamadas por varios críticos (y no casualmente) «interludio», que dividen al poemario en dos.

A partir del choque con la gran ciudad que hace que emerjan los conflictos internos que el poeta traía consigo en el momento del impacto, el protagonista poético (coincidiendo con el movimiento introspectivo-reclamo/proyectivo-denuncia que caracteriza al poemario) se ubicará:

a) Inmerso en su mundo interior, en soledad.

b) Inmerso en la ciudad, padeciendo y denunciando.

c) Fuera de la ciudad, huyendo de ésta en busca del edén, dentro y fuera de sí, proyectando u objetivando sus propios temores en su nuevo entorno.

Pasemos ahora al análisis de la segunda parte de la obra.

V.2. SEGUNDA PARTE

V.2.1. Introspección y reclamo

Nuevamente en soledad, lo que siente y expresa todavía el poeta en el apartado «Introducción a la muerte», según Ángel del Río:

> [...] es el triunfo de la muerte, del vacío, pero ya no en trágica mascarada, sino como una fuerza universal, conmovedora, despersonalizada. Si en los versos del primer poema veía las formas y las figuras carentes de sentido, ahora ya no sólo se le pierden las formas, sino también la misma esencia de las cosas. Como en un nuevo caos, cada ser trata de ser otro. La muerte, totalmente deshumanizada, se expresa en la mutación general de todo lo que existe huyendo de su propia esencia.[25]

Otra vez inmerso en su mundo interior, el poeta siente que la vida sólo es un movimiento constante de búsqueda, un

---

25. Op. cit., p. 270.

forzoso querer ser que lleva irremediablemente a la «Muerte» (que da nombre al primer poema de este apartado), de la cual se pretende escapar. Dicho movimiento se manifiesta fundamentalmente a través de un juego de palabras (cadena semántica) que enlaza un verso con el otro en ritmo vertiginoso.

El poeta, avasallado por esta realidad, donde todo muta sin remedio para disolverse en la nada, luego de ver cómo nuevamente «las cosas / cuando buscan su curso encuentran su vacío» («1980 (Intermedio)») o bien «formas concretas buscan su vacío» («Nocturno del hueco»), es decir, luego de ver cómo todas las mutaciones llevan «sin esfuerzo» a una muerte estática que no desemboca, como no desemboca el «agua fija» de «Niña ahogada en el pozo», vuelve a plantearse la misma duda/búsqueda existencial del principio: « [...] Y yo, por los aleros, / ¡qué serafín de llamas busco y soy!»... del mismo modo que en los versos finales del primer poema de la obra («Vuelta de paseo» en «Poemas de la soledad en Columbia University»).

Frente a los esfuerzos del caballo, la rosa o el terrón de azúcar, qué fácil toda mudanza para la muerte: «Pero el arco de yeso, / ¡qué grande, qué invisible, qué diminuto!, / sin esfuerzo» (el arco, aquí como en otras ocasiones, es también velada alusión a los arcos de los cementerios).

Por consiguiente, las correlaciones del pensamiento lorquiano se sintetizan en dos ejes que se corresponden: vida, búsqueda, muerte/forma, metamorfosis, hueco. A su vez, los contrarios se disuelven, y vida es, irónicamente, metáfora de muerte.

En «Nocturno del hueco» nos enfrentamos consecuentemente al vacío total.

Para tener conciencia de que todo se ha ido, el yo lírico pide a su amor muerto que le dé su «guante de luna» y el otro guante perdido en la hierba (dos conocidos símbolos de muerte) y *reclama* «Mira el ansia, la angustia de un triste mundo fósil / que no encuentra el acento de su primer sollozo», culminando las dos partes en que se divide el poema con su propia muerte: «*Para ver que todo se ha ido, /[...]/ No, no me des tu hueco, / ¡que ya va por el aire el mío!*» (parte primera). «Yo. / Mi hueco [...] / Ecuestre por mi vida definitivamente anclada» (parte segunda). Vale la pena aclarar aquí el significado que adquiere el repetido símbolo del caballo asociado a la noción de hueco y unido a su vez al «Yo» del poeta: del animal sólo queda «el hueco blanquísimo», nada más apropiado para dar la impresión de vacío que crea la muerte que los huecos en el esqueleto del caballo, cuando las formas que hicieron de él símbolo de toda energía han desaparecido. El esqueleto blanco del caballo, sus huesos calcinados, como abandonados en un desierto, se confunden con el propio hueco del poeta (y por la mencionada asociación, con el hueco de sus instintos, de su pasión amorosa), con su hueco que cabalga en veloz huida «ecuestre por mi vida definitivamente anclada», del que sólo queda la imagen azul en la desolada madrugada.

En medio de este doloroso sentimiento de soledad y muerte (por lo visto, de amor) lo que se *reclama* es la fuerza de este sentimiento pasado que bastaría «para que broten flores sobre los otros niños».

Las imágenes de muerte persisten en las dos composiciones siguientes: «Paisaje con dos tumbas y un perro asirio» y «Ruina»; lo único que perdura como posibilidad es seguir buscando/buscándose en un sistema que no le permite ser... «Hay que buscar de prisa, amor, de prisa / nuestro perfil sin sueño»...

En «Amantes asesinados por una perdiz» —narración breve— se relata una historia de amor entre «un hombre y una mujer», «o sea» entre «dos mancebos desmayados» que se aman por encima de cualquier circunstancia, y mueren a causa de ese desafiante amor, en un mundo indiferente que los condena.

Del mismo modo, en «Luna y panorama de los insec-tos» se recoge una historia amorosa, donde no importan las formas –«Son mentira las formas»–, que se ve también amenazada por la muerte (encarnada en «la luna» y «los insectos») que condena.

No hay salvación posible para estos amantes, en este mundo, ya que «[...] Sólo existe / una cunita en el desván / que recuerda todas las cosas» (el amor homosexual no puede trascender en un hijo; por lo tanto, no puede haber realización amorosa, por lo que queda condenado por la moral burguesa/cristiana) y la que impera es la muerte/luna «con un guante de humo sentada en la puerta de sus derribos».

De este modo, el poeta vuelve a objetivar sus propios conflictos (a partir del ya mencionado movimiento introspectivo/proyectivo) en otros personajes que lo ponen en escena.

Así, ambas composiciones vuelven a trabajar el tema de la muerte que llega irremediablemente a romper con toda posibilidad de realización amorosa, de vida y de felicidad. Porque vivir es aquí morir.

Ante la muerte y mediante alusiones al amor homosexual –muchas veces símbolo de transgresión–, lo que se *reclama* es libertad para amar, para encontrarse (del mismo modo que en la primera sección) y ser quien se es en una sociedad que castra a los más débiles, no permitiéndoles integrarse armónicamente en comunión con el todo, marginándolos, volviéndolos nada, hueco, vacío.

A propósito de esta sección, dice María Clementa Millán:

> El protagonista plasma la «soledad» mencionada en el subtítulo, en un universo de muerte. [...] Unas veces alude a los elementos que lo han producido («las hierbas», «la luna», «los insectos») y otras se centra en las consecuencias de esa muerte («Nocturno del hueco»), mientras se especifica que se trata

de una muerte de amor («Luna y panorama de los insectos»). La diferencia con las creaciones de la sección I, agrupadas también bajo el rótulo común de «soledad», radica en que allí el poeta habla con mayor detenimiento de las causas que la han provocado, mientras en ésta, sección VI, se centra fundamentalmente en sus consecuencias. Sin embargo, unas y otras responden a la misma situación de desamor sufrida por el protagonista poético, presente en todo el conjunto.[26]

Agregaríamos que dicha situación de desamor/soledad/pérdida/muerte trasciende lo puramente personal y se ve en el plano social como fuente del desorden, en la antinomia opresores/oprimidos que ya ha trabajado Piero Menarini,[27] y que a partir de un movimiento proyectivo *denuncia* Lorca. Tal es el caso de las dos secciones siguientes.

V.2.2. *Proyección y denuncia*

El poeta siente un dolor íntimo, pero éste surge en contacto con la realidad exterior que lo rebela. La queja se levanta contra la situación de muchos hombres que (como él) viven bajo un sistema indiferente e injusto, en una sociedad caracterizada por la crueldad, fría, calculadora y materialista, que ha olvidado los valores espirituales, donde impera el desamor y la explotación: «Debajo de las multiplicaciones / hay una gota de sangre de pato; / debajo de las divisiones / hay una gota de sangre de marinero; / debajo de las sumas, un río de sangre tierna.»

26. Op. cit., p. 262.
27. Op. cit., pp. 181-197.

En el primer poema de la sección VII, «Nueva York (oficina y denuncia)» –del cual hemos citado algunos versos en el espacio inmediato superior–, el poeta declara explícitamente haber venido «para ver la turbia sangre, / [...] que lleva las máquinas a las cataratas», a *denunciar* «a toda la gente / que ignora la otra mitad, / la mitad irredimible / que levanta sus montes de cemento / donde laten los corazones», a escupirlos en la cara.

La muerte vuelve a aparecer en este poema como producto de una sociedad insensible: «No es el infierno, es la calle. / No es la muerte. Es la tienda de frutas» se queja. Y lo que motiva su protesta es el amor por todas las víctimas de dicha sociedad, con las que se identifica. Porque ve y siente la crueldad que se complace en lastimar a los más débiles, es que se rebela y denuncia «la conjura / de estas desiertas oficinas / que no radian las agonías, / que borran los programas de la selva».

En «Cementerio judío» vuelve a focalizarse el tema de la muerte que viene indefectiblemente aparejada como resultado del sistema, pero esta vez en lugar de exhibírsela afectando a la mitad sufriente (de la que es parte el poeta), se la presenta en vinculación con un integrante y, por extensión, con el pueblo judío en general (símbolo de poderío económico), integrante de la otra mitad: «El judío empujó la verja» del cementerio, «el judío ocupó su litera» y «Tres mil judíos lloraban en el espanto de las galerías / porque reunían entre todos con esfuerzo media paloma, / porque uno tenía la rueda de un reloj / [...] / y otro una lluvia nocturna cargada de cadenas». Esta muerte que parte de la realidad de un entierro judío es también la muerte simbólica de la naturaleza humana (y de su consustancial animalidad –representada en la media paloma que con esfuerzo logran reunir y que además derrama «una sangre que no era la suya»– que junto con la infancia y la locura representa el máximo grado de libertad y plenitud) que afecta a este pueblo por ser una tuerca más de la maquinaria que hace funcionar al capitalismo con su poder económico.

Esta muerte simbólica de la faceta humana y por tanto de la libertad de los judíos se refuerza con la citada «rueda de un reloj» y la «lluvia nocturna cargada de cadenas» de la que también son poseedores.

La oposición se daría esta vez ya no entre la mitad herida y la hiriente, sino entre «Los niños de Cristo (que) bogaban» (en este contexto bogar significa vivir) y «los judíos (que) llenaban los muros / con un solo corazón de paloma / por el que todos querían escapar» (de la muerte); entre «Las niñas de Cristo (que) cantaban» y «las judías (que) miraban la muerte»; entre «Los niños de Cristo (que) dormían» y «el judío (que) ocupó su litera».

La perspectiva es otra: la mitad herida del poema anterior (simbolizada esta vez en los niños de Cristo —y este último visto siempre por el poeta como víctima sacrificial—), a pesar de ser acosada por la muerte que el sistema les impone, posee vibración humana (bogan); en cambio, la mitad hiriente, dueña de las multiplicaciones, etc. (simbolizada ahora en los judíos) ha perdido dicha vibración (muerte simbólica), esclavos también del sistema. Una vez desterrados del paraíso, nadie se salva de la muerte, pero la *denuncia* recae siempre sobre los mismos.

En el tercer poema de la sección «Crucifixión», los fariseos son nuevamente quienes se enfrentan a la «vaca» que «tiene las tetas llenas de leche» y «perdigones» (mítico animal sacrificial —símbolo de vida en este poema— que se identifica con Cristo —este último, por predicar una religión basada en el amor hacia los semejantes y morir en la cruz por los hombres, siendo hombre víctima de los hombres, se vuelve un símbolo positivo para Lorca—). Como podemos vez, la perspectiva (a partir de la nueva oposición que se establece) es la misma que en el poema anterior, la *denuncia* recae sobre la misma mitad, en este caso simbolizada en los maldicientes fariseos que «se alejaron a sus casas por el tumulto de la calle / [...] / mientras la sangre los seguía con un balido de cordero». Y la redención sólo podrá darse cuando esta sangre que es leche/vida/amor toque el corazón de los hombres «fríos»: «Fue entonces / y la tierra despertó [...]».

Luego de «Vuelta a la ciudad» (apartado VII), su protesta continúa furiosa y se levanta en «Dos odas» (apartado VIII).

El «Grito hacia Roma» que lanza desesperado el poeta vuelve a *denunciar* la hipocresía y la actitud insolidaria de los hombres fríos preocupados sólo por sus riquezas y su posición social, pero esta vez representados por la Iglesia Católica: «mundos enemigos y amores cubiertos de gusanos, / caerán sobre ti. Caerán sobre la gran cúpula / [...] / donde un hombre se orina en una deslumbrante paloma» (repárese en el sugestivo contenido semántico que tiene aquí «paloma», con fuerte carga simbólica desde tiempo inmemorial para la Iglesia, resemantizada por el significado que tiene el animalito en este poemario).

Este poema, tal vez el más fuerte y directo de toda la obra, acusa a un grupo que ha traicionado sus fundamentos primeros, olvidándose del verdadero mandamiento de amor y servicio del hombre para el hombre (que engrandece la figura de Cristo, más allá de las creencias religiosas en el pensamiento lorquiano), y del verdadero amor que surge del sufrimiento humano: «El hombre que desprecia la paloma debía hablar, / debía gritar desnudo entre las columnas / y ponerse una inyección para adquirir la lepra / y llorar un llanto tan terrible / que disolviera sus anillos y sus teléfonos de diamante».

El Papa que en este caso encarna a la mitad indiferente de la humanidad (la que es escupida en la cara por el poeta en «Nueva York (Oficina y denuncia)» ha olvidado cuáles son las fuentes de la vida tanto natural como espiritual: «Pero el hombre vestido de blanco / ignora el misterio de la espiga, / ignora el gemido de la parturienta, / ignora que Cristo puede dar agua todavía» (agua que en «Crucifixión» baja «por las calles decidida a mojar el corazón»).

En este mundo de hipocresía e intereses creados «ya no hay quien reparta el pan y el vino» sólo «un millón de herreros / forjando cadenas para los niños que han de venir». Lo único que queda para la humanidad naciente (encarnada en los niños –símbolos de vida y libertad primigenia–) es la esclavitud y la muerte... «La civilización prepara conscientemente una humanidad que, para sobrevivir, tiene que destruir, en el mismo momento que nace, lo que de más humano posee.»[28] Y la tierra es invadida por «cloacas», «ninfas del cólera», «sierpes de hambre» y «cadáveres de gaviotas» donde tienen que luchar «las carnes desgarradas por la sed», verdaderas poseedoras del amor.

Pero el poeta, identificándose con la humanidad dolida y sometida a este orden social no se calla y *denuncia* junto con la «muchedumbre de martillo, de violín o de nube» (obreros, artistas, soñadores).

Y «ha de gritar» «hasta que las ciudades tiemblen», «Porque queremos el pan nuestro de cada día, / [...] porque queremos que se cumpla la voluntad de la Tierra / que da sus frutos para todos», resumiendo en forma explícita y rotunda la comprometida protesta y el reclamo (que el poeta hace para sí y para todos los que como él sufren el destierro y el desamor) que hila todo el poemario.

Al finalizar, su mirada se vuelve hacia Walt Whitman, el gran poeta de Manhattan que cantó la abismal atracción de

---

28. Piero Menarini, op. cit., p. 187.

la urbe moderna —y se anunció en su libro *Hojas de hierba* como el «hombre verdaderamente primitivo, el hombre arquetípico, sencillo, universal, bisexual; el Adán primordial» que hizo del amor un disolvente universal de la lucha y los dolores de la humanidad—, para denunciar la corrupción y la hipocresía del hombre moderno que lo ha traicionado.

Nuevamente, el mundo simbolizado en la ciudad de Nueva York se divide en dos: por un lado, quienes no se duermen (en el sentido de soñar —como no lo hacen los integrantes de la «Ciudad sin sueño»—), no quieren ser «río», ni «nube», ni buscar «los helechos / ni la rueda amarilla del tamboril» (estos últimos, símbolos de vida que evocan al paraíso perdido y a la vida natural, en oposición a la rueda de la industria), «los muchachos (que) luchaban con la industria, / y los judíos (que) vendían al fauno del río / la rosa de la circuncisión» (imágenes que denuncian la total intromisión del sistema y del mercado en la vida privada, y la conversión del sexo en una mercancía); los «¡Maricas de todo el mundo, asesinos de palomas! / Esclavos de la mujer (porque quieren ser como ellas). Perras de sus tocadores» (de cuyos ojos mana la muerte); y «los ricos (que) dan a sus queridas / pequeños moribundos iluminados». Todos ellos, representantes y esclavos de los vicios del capitalismo, de su corrupción, inmersos en esta «Nueva York de cieno, / [...] / de alambre y de muerte».

Frente a este caos, se enaltece la mítica figura de Walt Whitman, que surge como respuesta a la pregunta del poeta: «¿Qué voz perfecta dirá las verdades del trigo?», representante absoluto de la otra mitad, de la mitad libre, poseedora de vibración humana y del amor verdadero capaz de restaurar la armonía universal perdida.

Este «anciano hermoso como la niebla», con «muslos de Apolo virginal» (recuérdese lo dicho anteriormente con respecto al Dios griego) «enemigo del sátiro, / enemigo de la vid» (enemigo del fauno, del vicio y de la corrupción, es visto

—cualesquiera que fuesen sus inclinaciones sexuales— como hombre viril), «Adán de sangre, macho, / hombre solo en el mar, viejo hermoso Walt Whitman» (tal vez, pensando en su valentía, en su comportamiento durante la guerra civil americana, cuando terminado su trabajo iba a los hospitales a curar heridos de ambos bandos) y representa la autenticidad en el amor. Gran parte del poema está animado por el deseo de establecer una distinción entre el homosexual por constitución o (como sería el caso de Whitman —para Lorca—), por un ilimitado deseo de amor total, el «marica» por corrupción, «carne para fusta». Ya que «es justo que el hombre no busque su deleite / en la selva de sangre de la mañana próxima» (es justo, nos dice, que un hombre no oriente su amor hacia una relación cuya última finalidad es la procreación —selva de sangre de la mañana próxima—) porque «El cielo tiene playas donde evitar la vida / y hay cuerpos que no deben repetirse en la aurora» (porque para los que rechacen o no sientan la paternidad, la vida ofrece remansos de placer donde aquella finalidad está totalmente excluida) para qué traer hijos al mundo si éste es «Agonía, agonía, sueño, fermento» y «la vida (en él) no es noble, ni buena, ni sagrada».

Por eso el poeta no levanta su voz contra Whitman, porque lo comprende, porque se identifica e identifica en él a aquella mitad de la humanidad herida por el desamor y contra los «Enemigos sin sueño / del Amor que reparte coronas de alegría», quedando, de esta manera, instaurada nuevamente la antinomia.

De este modo, la defensa de la libertad y autenticidad en el amor (manifiesta en la «Oda a Walt Whitman») se contrapone, en el mismo poema, a la visión de la ciudad neoyorquina como lugar de desamor y corrupción, encarnada en quienes la integran y prostituyen y a quien se *denuncia*.

Por eso, el poeta termina invocando un «aire fuerte de

la noche más honda / (que) quite flores y letras del arco donde duermes» para que «un niño negro (encarnación de la inocencia pristina) anuncie a los blancos del oro / la llegada del reino de la espiga» (símbolo de la nueva mañana, del advenimiento del reino de la naturaleza fecunda sobre el de la civilización de la muerte, de paraíso, de justicia social).

Dicha invocación (que surge de un profundo descontento por el orden de las cosas) manifiesta el deseo de una vuelta del orden natural (paraíso perdido, que implica orden y armonía) que libere al hombre de sus vínculos sociales y mediante una emancipación instintiva, lo devuelva íntegro a sí mismo, para que el amor y la solidaridad entre los seres humanos pueda instaurarse nuevamente en la ciudad de Nueva York (sinónimo de mundo moderno y civilización que implica caos), donde ya «no queda nada. / [...] / y América se anega de máquinas y llanto».

Tras la dura *denuncia*, movido por el dolor que siguen causándole todas las víctimas de la sociedad con quienes se identifica, una sincera expresión de deseo de quien ama profundamente a la humanidad (como la amaron Cristo y Whitman —ambos defraudados por esa misma humanidad—) es la que cierra la sección.

V.2.3. Huida y esperanza de recuperación (vida)

Los dos últimos apartados del libro («Huida de Nueva York» y «El poeta llega a La Habana»), expresan simplemente el final del viaje, la huida de una ciudad asfixiante en busca de nuevos horizontes, el deseo de recuperar aunque sea parcialmente algo de aquel paraíso/naturaleza perdida en el nuevo escenario de Cuba.

Los dos poemas del primer apartado, más introspectivo

que el segundo, aluden todavía a la muerte del amor que aún persigue al yo lírico («el ruiseñor —símbolo de muerte de amor, como podemos ver en *El público,* y del canto del poeta— / lloraba sus heridas alrededor. / Y yo también») pero revestidos ambos de un sentido musical que trata de imitar el ritmo del vals mediante el uso de estribillos. Ambos son «una muerte para piano», «violín y sepulcro, las cintas del vals». A pesar de estas connotaciones negativas, el tono de sus versos es jubiloso ya que, en definitiva, el protagonista huye de la ciudad que le recuerda dicho desamor para abrirse paso a costas más alegres.

La última sección contiene un único poema («Son de negros en Cuba»), el más alegre de todos los poemas del libro, en el que también recrea un ritmo musical (esta vez el caribeño) mediante la repetición constante del estribillo «iré a Santiago».

A pesar de llegar «en un coche de agua negra», su «coral en la tiniebla», «Color blanco, fruta muerta» (alusiones todas al sentimiento dolorido que —como dijimos— guarda todavía el poeta, por sus experiencias pasadas), el yo poético parece intuir, en el nuevo escenario, la voz de la tierra que triunfa sobre las normas y los prejuicios, el paraíso perdido añorado, el orden natural que se instaura con fuerza vital, proyectándolo en esta «¡Oh Cuba [...] curva de suspiro y barro!», «¡Oh cintura caliente y gota de madera!», donde cantan «los techos de palmera» (significante que evoca en última instancia: naturaleza) y «la palma quiere ser cigüeña» (naturaleza que busca traer nueva vida), con «el rosa de Romeo y Julieta» (que connota amor correspondido).

No es casual que el título sea «Son de negros en Cuba» en lugar de «Son de los negros de Cuba», ya que el primero nos recuerda a los otros negros, los desterrados del paraíso en Nueva York, marcando la diferencia entre unos y otros. El «Son de negros en Cuba» es radicalmente distinto al «son» que los hizo estremecerse en «Danza de la muerte».

De allí toda la positiva alegría que trasciende la composición y cierra el poemario, dejando abierta una ventana a la esperanza de recuperar lo perdido, una ventana a la vida.

V.2.4. Recapitulación

Habiendo trabajado hasta aquí con la segunda gran parte de la obra, integrada por las cinco secciones finales que la componen, estamos en condiciones de decir que (en líneas generales) la estructura tripartita de la primera parte (secciones I a V) se repite simétricamente en la segunda (secciones VI a X), basándose nuevamente en los ejes *reclamo* (caracterizados por un movimiento introspectivo) y *denuncia* (donde los valores reclamados se proyectan en el plano social) que la conforman.

Otra vez encontraremos:

a) Una primera sección introspectiva («Introducción a la muerte») donde lo que se *reclama* ante la obsesionante figura de la muerte es (como en el primer apartado de la primera parte) la recuperación del paraíso perdido, del amor, de la propia personalidad perdida, de la integridad. El protagonista habla desde su interior, en soledad.

b) Dos secciones donde lo que prevalece es la *denuncia* (movimiento proyectivo). El protagonista grita inmerso en la ciudad.

c) Dos secciones que cierran el poemario, en las cuales el yo lírico vuelve a ubicarse espacialmente fuera de la ciudad, huyendo nuevamente de ella (en este caso en forma definitiva), proyectando u objetivando sus nuevas emociones en el nuevo entorno tras la esperanza de recuperar su edén.

V.3. Conclusión

Como se desprende de la lectura, una precisa y sutil lógica poética organiza la obra; la que ofrece una configuración interna basada en dos ejes semánticos —*reclamo y denuncia*—, que se erigen a partir del doloroso sentimiento de *pérdida del paraíso* que hila al poemario en distintos niveles. Éste será, en lo personal, la niñez asexuada (instancia armónica primera) y, en lo social, el mundo natural (orden armónico primero en clara contradicción con el mundo civilizado que lo ha destruido).

Dichos ejes dan cohesión a las diez secciones que conforman el poemario y hace a la estructura externa de la obra. Los mismos la reordenan —como hemos dicho— en dos grandes partes simétricas compuestas cada una por: una primera sección introspectiva donde el poeta,[29] confundido en medio del caos, se busca y reclama desde su soledad el paraíso perdido (directamente u objetivando en otros personajes que ponen en escena sus conflictos).

Dos secciones en las que el yo lírico, inmerso en la gran ciudad, proyecta su doloroso sentimiento en la sociedad neoyorquina, denunciando la pérdida del orden social y de la armonía natural más consustancial con el hombre, y se solidariza con la clase sufriente, condenando a la clase opresora. Dos secciones en las que el protagonista poético se ubica espacialmente fuera de la ciudad, escapando de ella en busca del edén (objetivamente sus emociones en el nuevo entorno).

A partir del choque con la gran ciudad, entran en crisis los conflictos internos del poeta que se proyectan al escenario social.

29. Recuérdese que siempre que utilizamos este término nos referimos al «poeta» de *Poeta en Nueva York* y no a Federico García Lorca.

De este modo, Nueva York se transforma en un «símbolo patético de sufrimiento»,[30] opuesto al paraíso perdido que se reclama, volviéndose, a su vez, una excusa para denunciar lo que al poeta le molesta de un sistema que lo condena —como a miles de marginales.

El yo lírico critica en la metrópoli a un mundo que no entiende lo que es el amor ni conoce la palabra solidaridad, aniquilándolo y aniquilándose.

Así, a partir de nuestro aporte, podemos ver cómo se articulan y recrean las crisis personal y social. Revisadas éstas, no abarcaremos —por obvios límites de espacio y debido a la cantidad de estudios existentes sobre el tema— el análisis específico del discurso lorquiano, que las conjuga en forma propicia. Sólo diremos que, en general, se ajusta a las necesidades del poeta de describir una nueva realidad con un lenguaje nuevo y que este lenguaje también se relaciona de alguna manera con dichos ejes temáticos, volviéndose más irracional, metafórico, simbólico y onírico en las secciones introspectivas, y más directo en las secciones proyectivas, donde toma fuerza implacable la denuncia.

Escribe Ricardo Gullón:

> La subversión del lenguaje revela, ante todo, la exigencia de crear imágenes en que el autor —y el lector— reconozcan la realidad oculta [...]. Ni inducida, ni consecuencia de un asalto a la razón, la pesadilla convoca a las imágenes en forma dispersa, inconexa y se resuelve en una denuncia de la sociedad contemporánea [...]. El poeta sintió la insuficiencia de sus medios expresivos y la lucha por manifestar lo que le ob-

---

30. Así lo hace saber el mismo Federico en la entrevista realizada por Gil Benumeya en «Estampa de Federico García Lorca», *La Gaceta Literaria* (15 de enero de 1930), p. 7.

sesionaba cuajó en una obra donde las sombras misteriosamente fueron tomando forma.[31]

Creemos imposible cerrar el análisis de una obra de la envergadura de *Poeta en Nueva York*; sólo deseamos que nuestro trabajo sea una apertura al texto y una invitación a la lectura desde nuestra relectura.

31. «¿Hubo un surrealismo español?», op. cit., p. 126.

CRONOLOGÍA

1898 El 5 de junio, en Fuente Vaqueros (Granada), nace Federico García Lorca. Sus padres son Vicenta Lorca Romero, maestra nacional excedente, y Federico García Rodríguez, agricultor acomodado.

1898
1908 Su infancia transcurre en dos pueblos de la vega granadina: Fuente Vaqueros y Asquerosa (hoy Valderrubio).
Cuatro hermanos llegan a poblar su mundo: Luis (muerto tempranamente), Francisco, Concepción e Isabel.
Cursa sus estudios primarios de la mano de su madre y de don Antonio Rodríguez Espinosa, el maestro del pueblo.
Descubre los títeres y conoce el cante jondo.
En el otoño de 1908 comienza su bachillerato en Almería y estudia en el colegio de los Escolapios, pero debe volver a Valderrubio a causa de una infección bucal.

1909
1918 En 1909, Federico junto con su familia se traslada a Granada, donde permanecerá aproximadamente veinte años.
Cursa su bachillerato en un colegio privado (Sagrado Corazón de Jesús) y en un instituto oficial. Junto con sus estudios secundarios inicia su formación

musical con don Antonio Segura y su tía Isabel, acercándose al folklore español y a los cancioneros. Contrae el tifus y está al borde de la muerte.

Se inscribe en la Facultad de Letras y en Derecho de la Universidad de Granada, llegando a licenciarse en esta última carrera para cumplir con un anhelo familiar. Allí conoce a don Fernando de los Ríos (profesor en Granada desde 1911) y frecuenta a un grupo de jóvenes intelectuales que más tarde formarán el círculo abierto de La Alameda.

En 1916, con su grupo de estudios recorre: Andalucía, donde conoce a Machado en Baeza; Castilla, donde se encuentra con Unamuno en Salamanca, y el noroeste de España. Fruto de estos viajes será, más tarde, su primer libro en prosa, *Impresiones y paisajes*.

De 1917 son sus primeros ensayos críticos: *Divagación. Las reglas en la música* y *Fantasía simbólica*, este último en homenaje al centenario del nacimiento de Zorrilla.

En 1918 edita *Impresiones y paisajes*, dedicado a su maestro de música don Antonio Segura, muerto en 1917.

En el Ateneo de la capital española conoce a Ángel del Río, Amado Alonso, Gerardo Diego, Pedro Salinas, Guillermo de Torre y otros importantes intelectuales. En la pensión donde se aloja traba amistad con *la Argentinita*, Encarnación López Júlvez (bailarina).

1919   Llegando la primavera se aloja en la Residencia de Estudiantes madrileña hasta 1928, alternando su estadía entre esta ciudad y Granada. Allí se relaciona estrechamente con Alberto Jiménez Fraud (director de dicha residencia), José Moreno Villa, Luis Buñuel y Eduardo Marquina (residentes) y con Juan Ramón Jiménez y Gregorio Martínez Sierra (ambos, amigos de la casa).

Es presentado a una de «las más ilustres barbas españolas», don Ramón del Valle Inclán.

1920   El 22 de marzo se estrena *El maleficio de la mariposa* en el teatro Eslava de Madrid, bajo la dirección de Gregorio Martínez Sierra, pero resulta un fracaso. Tras instalarse Manuel de Falla en Granada, se entabla entre los dos artistas una entrañable amistad.

1921   Publica su primer libro en versos, *Libro de poemas*, que encuentra una excelente acogida.

Comienza a escribir las *Suites* (publicadas en forma completa *post mortem*, en 1983) y *Canciones*.

En noviembre compone el núcleo central de *Poema del cante jondo*.

1922   Federico, Manuel de Falla y un grupo de intelectuales organizan en Granada el festival del cante jondo al que concurren «cantaores de toda Andalucía». El poeta lee su conferencia «Importancia histórica y artística del primitivo canto andaluz llamado cante jondo».

Escribe la *Tragicomedia de don Cristóbal y la señá Rosita*, y comienza a escribir *Lola la comedianta*.

1923   Con motivo de la fiesta de Reyes Magos, Federico organiza en su casa de Granada una sesión de marionetas dirigida por él; presenta *La niña que riega la albahaca y el príncipe preguntón*, entre otras.

Comienza la redacción de *La zapatera prodigiosa* y del *Romancero gitano*.

Se gradúa de licenciado en la Facultad de Derecho.

Lee públicamente una versión no definitiva de *Mariana Pineda*.

De regreso a la Residencia de Estudiantes conoce a Salvador Dalí, importante amistad en la vida del poeta.

1924   Entabla nuevas amistades con personalidades, como Pablo Neruda, Gregorio Prieto y Rafael Alberti (este último, compañero de generación).

Ha abandonado las *Suites*; dejando atrás un período de febril composición, termina de escribir gran parte de *Canciones* (publicando algunos de sus poemas) y sigue redactando el *Romancero gitano*.

1925   Versión definitiva de *Mariana Pineda*. Comienza su epistolario con Jorge Guillén.

Escribe «Paseo de Buster Keaton» y «La doncella, el marinero y el estudiante», revisados y publicados en la revista *Callo* (n.º 2, abril de 1928).

1926   Inaugurado el Ateneo Científico, Artístico y Literario de Granada, lee su conferencia «La imagen poética de Don Luis de Góngora». Unos meses más tarde pronunciará en el mismo sitio el llamado «Homenaje a Soto de Rojas», conferencia denominada en su última versión crítica: «Paraíso cerrado para muchos, jardines abiertos para pocos. (Un poeta gongorino del siglo XVI.)»

Llegando abril, publica en *Revista de Occidente* su «Oda a Salvador Dalí».

La revista *Litoral* de Málaga (órgano clave en el nacimiento de la generación del 27) publica, bajo el título de «Romances gitanos», algunos poemas del *Romancero gitano,* a saber: «San Miguel», «Prendimiento de Antoñito el Camborio» y «Preciosa y el aire».

Primera versión de *La zapatera prodigiosa.*

1927 La ya mencionada revista *Litoral* publica *Canciones.* En junio se estrena *Mariana Pineda* en el Teatro Goya de Barcelona, con vestuario y decorados de Lorca y Dalí; en octubre, en el Teatro Fontalba de Madrid. En el mismo mes, gracias a Rafael Alberti, conoce a Vicente Aleixandre.

Por invitación de Ignacio Sánchez Mejías viaja a Sevilla, donde se realizan los actos del homenaje a Góngora. En esta fecha se reúnen casi todos los poetas más importantes de la nueva generación, a la que se conocerá justamente, y entre otras denominaciones, como «Grupo del 27».

1928 En marzo y abril aparecen, respectivamente, el primero y segundo número de la revista granadina *Gallo*, dirigida por el propio García Lorca.

Revista de Occidente publica *Romancero gitano.* Se publica *Mariana Pineda* (Madrid, La Farsa).

Pronuncia en Granada dos conferencias: «Imaginación, inspiración, evasión» en octubre y «Sketch de la nueva pintura» en diciembre. En la Residencia de Estudiantes de Madrid, lee una tercera cuyo título es «Añada, arrolo, nana, vou veri vou. Canciones de cuna españolas» (llamadas «Las nanas infantiles» en las ediciones de Losada y Aguilar).

Posible redacción de «Academia de la rosa y del frasco de tinta» y «Oda al Santísimo Sacramento del altar».

Escribe *Amor de don Perlimplín con Belisa en su jardín*.

1929 Tras haber pasado por París, Londres, Oxford y Escocia, llega a Nueva York con Fernando de los Ríos, a fines de junio. Allí traba relación con Federico de Onís y León Felipe, este último es quien lo acerca a la poesía de Walt Whitman.

Comienza a escribir *Poeta en Nueva York, y* un guión cinematográfico, *Viaje a la luna.* Lee fragmentos de *La zapatera prodigiosa, Así que pasen cinco años* y *El público.*

1930 En marzo parte para Cuba invitado por la Institución Hispano-Cubana de Cultura.

Continúa con la composición del poemario *Poeta en Nueva York.*

Regresa a España a fines de junio. Termina *El público* y en diciembre estrena en Madrid *La zapatera prodigiosa.*

1931 Compone los primeros poemas de *Diván del Tamarit* y termina *Así que pasen cinco años.*

Se edita en mayo *Poema del cante jondo.*

Posiblemente, y según lo dicho por el mismo poeta, concibe en este año la idea de *Yerma.*

1932 Es aprobado el proyecto de La Barraca (teatro universitario itinerante, dirigido por García Lorca) que hará sus primeras representaciones teatrales ese mismo verano, hasta 1935.

Primeras lecturas de *Bodas de sangre* en casa de Morla Lynch.

Conferencias por España, algunas de ellas sobre *Poeta en Nueva York.*

1933 Se estrena en marzo, con gran éxito, *Bodas de sangre* y, en abril, *Amor de don Perlimplín con Belisa en su jardín* (que fue censurada en 1929).

En octubre viaja a Argentina invitado por la Sociedad Amigos del Arte. Pronuncia algunas conferencias en Buenos Aires como «Juego y teoría del duende» y «Cómo canta una ciudad de noviembre a noviembre». Dirige reposiciones de sus obras por la compañía de Lola Membrives y estrena la versión renovada de *La zapatera prodigiosa*.

1934 Se traslada durante los meses de enero y febrero a Uruguay, donde también pronuncia algunas conferencias.

En marzo, de regreso a Buenos Aires, dirige a Eva Franco en *La dama boba* de Lope de Vega.

Se presentan en ese mismo mes en el Teatro Avenida *Los títeres de cachiporra*.

Junto a Pablo Neruda pronuncia la célebre «Conferencia de Alimón» en homenaje a Rubén Darío.

Antes de embarcar nuevamente rumbo a España es proclamado, en una sesión pública de homenaje, «Embajador de las Letras Españolas».

A su llegada a la Residencia de Estudiantes de Madrid, termina probablemente *Yerma*.

En los cursos de verano de las universidades de Zaragoza y de Santander reanuda sus actividades al frente de La Barraca.

El 13 de agosto muere el torero Ignacio Sánchez Mejías, amigo de Federico; doloroso acontecimiento que dará lugar al «Llanto por Ignacio Sánchez Mejías», composición que será leída en noviembre, en casa de Carlos Morla Lynch.

Se estrena con gran éxito, el 29 de diciembre en el Teatro Español de Madrid, *Yerma*, por la compañía de Margarita Xirgu.

Ya ha terminado *Diván del Tamarit y* anunciado su publicación por la Universidad de Granada.

1935 Presenta en Madrid la versión completa y definitiva de *La zapatera prodigiosa* por la compañía de Lola Membrives.

En diciembre, en Barcelona se estrena *Doña Rosita la soltera o el lenguaje de las flores* por la compañía de Margarita Xirgu con decorados de Fontanals.

Dedicado a Encarnación López Júlvez, *la Argentinita*, publica en las ediciones del Árbol de *Cruz y Raya*, *Llanto por Ignacio Sánchez Mejías*.

Se publican *Seis poemas galegos* con prólogo de Eduardo Blanco Amor, editados por Losada.

1936 En Ediciones del Árbol de la revista *Cruz y Raya* aparece *Bodas de sangre*.

Publica además *Primeras canciones* en las ediciones Héroe de Manuel Altolaguirre y Concha Méndez Cuesta.

El 15 de febrero participa en el homenaje a don Ramón del Valle Inclán, por su reciente muerte, y el 19 de abril, en el de Luis Cernuda por la publicación de *La realidad y el deseo*.

El 19 de junio de 1936 termina *La casa de Bernarda Alba*, que será representada en Buenos Aires en 1945.

Participa en algunos actos políticos a favor del Frente Popular y lee manifiestos de los escritores españoles contra el fascismo. También se adhiere a un manifiesto de la Unión Universal por la Paz.

El 13 de julio parte hacia Granada para celebrar el santo de su padre y propio en familia.

El 3 de agosto es ejecutado don Manuel Fernández Montesinos, alcalde socialista de Granada y cuñado del poeta, a manos de tropas franquistas.

El 16 de agosto Federico es detenido por las fuerzas nacionales, dependientes del Gobierno Civil, al mando del diputado Ramón Ruiz Alonso.

Entre el 17 y el 19 de agosto es asesinado en Viznar, en las afueras de Granada, junto a otros detenidos; al parecer el pelotón de ejecución estuvo integrado por Guardias de Asalto y miembros de las paramilitares Escuadras Negras, la orden habría sido dada por el gobernador, coronel José Valdés. Es enterrado, se conjetura, cerca de la fuente árabe Ainadamar (Fuente de las Lágrimas).

> [...] Cuando se hundieron las formas puras
> bajo el cri cri de las margaritas,
> comprendí que me habían asesinado.
> Recorrieron los cafés y los cementerios y las
>   iglesias.
> Abrieron los toneles y los armarios,
> Destrozaron tres esqueletos para arrancar sus
>   dientes de oro.
> Ya no me encontraron.
> ¿No me encontraron?
> No. No me encontraron.*

Obras que quedarán sin editar a su muerte: *Poeta en Nueva York, Suites, Odas, Poemas en prosa* y *Sonetos.*

---

* Federico García Lorca, «Fábula y rueda de los tres amigos», *Poeta en Nueva York.*

Póstumamente se han encontrado proyectos no terminados por el autor, como *La destrucción de Sodoma* y *Los sueños de mi prima Aurelia*, entre otros. Aún hay páginas que siguen exhumándose, un ejemplo de ello son las *Alocuciones argentinas*, que han sido publicadas recientemente en 1985 con motivo del viaje de Isabel García Lorca a la República Argentina.

Gabriela Cerviño

BIBLIOGRAFÍA

SOBRE FEDERICO GARCÍA LORCA Y *POETA EN NUEVA YORK*

AA.VV., *Hommage à Federico García Lorca*, Université de Toulouse-Le Mirail, T. XX, 1982.

AA.VV., *Andalucía en la generación del 27*, Universidad de Sevilla, 1978.

Adams, M., *García Lorca: Playwright and Poet*, Braziller, Nueva York, 1977.

Alberti, R., *Prosas encontradas (1924-1942)*, Ayuso, Madrid, 1973, pp. 203-208.

—, *Federico García Lorca, poeta y amigo*, Biblioteca Cultural Andaluza, Granada, 1984.

Alonso, D., *Poetas españoles contemporáneos*, Ed. Gredos, Madrid, 1965.

Allem, J., «*Poeta en Nueva York* a medio siglo» (marzo de 1979), en *Nueva Estafeta*, pp. 61-70.

—, *Federico García Lorca. Antología poética*, «Federico García Lorca, poeta universal», Ed. Plaza y Janés, Barcelona, 1985, pp. 7-75.

Allen, R., «Una explicación simbólica de "Iglesia abandonada"», *Hispanófila*, IX, n.º 26, (enero de 1966), pp. 33-44.

Anderson, A., «Lorca's New York Poems. A Contribution to Debate». *Forum for Modern Language Studies*, n.º 17 (1981), pp. 256-270.

—, «García Lorca en Montevideo: un testimonio desconocido y más evidencia sobre la evolución de *Poeta en Nueva York*», *Bulletin Hispanique*, n.º 83 (1981), pp. 145-161.

—, «The Evolution of García Lorca's Poetic Proyects 1929-36 and the Textual Status of *Poeta en Nueva York*», *Bulletin of Hispanic Studies*, n.º LXI (1983), pp. 221-244.

Añez, M. E., «Interpretación de algunos aspectos de *Poeta en Nueva York*», *Anuario de Filología*, n.º IV (1965), pp. 297-307.

Auclair, M., *Enfances et mort de García Lorca*, Ed. Seuil, París, 1968.

Babín, M. T., *El mundo poético de Federico García Lorca*, Biblioteca de Autores Puertorriqueños, San Juan, 1954.

—, *Estudios lorquianos*, Ed. Universitaria, San Juan, 1976.

—, «El viejo y el nuevo mundo de Juan Ramón Jiménez y García Lorca», en

AA.VV., *Hommage à Federico García Lorca*, Université Toulouse–Le Mirail, T. XX, 1982, pp. 123-137.

Bardi, V. (ed.), *García Lorca. Materiali*, Nápoles, 1979.

Barea, A., *Lorca. El poeta y su pueblo*, Ed. Losada, Buenos Aires, 1957.

Belamich, A., *Lorca*, Ed. Gallimard, París, 1962.

—, «Poète a New York: Notice», en *Federico García Lorca. Oeuvres complètes*, vol. 1, Gallimard, París, 1981, pp. 1461-1507.

Binding, P., *Lorca. The Gay Imagination*, GMP, Londres, 1985.

Bodini, V., *Los poetas surrealistas españoles*, Tusquets, Barcelona, 1971, pp. 67-82.

Bordier, R., «Whitman et Lorca», *Europe*, n.º 483-484 (1980), pp. 188-191.

Boscán, L. V., «La muerte en Poeta en Nueva York», *Anuario de Filología*, n.º VIII-IX (1969-1970), pp. 241-256.

Bosch, R., «Los poemas paralelísticos de Federico García Lorca», *Revista Hispánica Moderna*, n.º 28 (1962), pp. 36-42.

—, «El choque de imágenes como principio creador de García Lorca», *Revista Hispánica Moderna*, n.º 30 (1964), pp. 35-44.

Brickell, H., «Un poeta español en Nueva York», *Asomante*, n.º II (1946), pp. 24-34.

Calvino, I., «Poeta en Nueva York como mentira metonímica», *Cuadernos Hispanoamericanos*, (septiembre-octubre), n.º 435-436 (1986), pp. 519-545.

Campbell, R., *Lorca. An Appreciation on his Poetry*, Yale University Press, New Haven, 1952.

Cano Ballesta, J., *La poesía española entre pureza y revolución*, Ed. Gredos, Madrid, 1972.

Cardoza y Aragón, L., «Federico en Nueva York», *Romance*, I, n.º 13 (1940), México, pp. 1-2, y en *Centro América*, n.º 37, San Salvador.

Castro, E., «El compromiso político-social de GL», en AA.VV., *Hommage à Federico García Lorca*, Université de Tolouse–Le Mirail, T. XX, 1982, pp. 9-15.

Castro, J. A., «Poeta en Nueva York», *Cultura Universitaria*, n.º LXXIV-LXXV (1961), pp. 39-50.

Cernuda, L., *Estudios sobre poesía española contemporánea*, Ed. Guadarrama, Madrid, 1970.

Cobb, C. W., *Federico García Lorca*, Twayne, Nueva York, 1967.

Correa, G., La *poesía mítica de Federico García Lorca*, Ed. Gredos, Madrid, 1970.

—, «Significado de Poeta en Nueva York de Federico García Lorca», *Cuadernos Americanos*, México (diciembre de 1958), pp. 224-233.

Couffon, C., *A Grenade, sur les pas de García Lorca*, Ed. Seghers, París, 1962.

Craige, B. J., «Lorca's Poeta en Nueva York, The Fall into Consciousness», *Studies in Romance Languages*, n.º XV, Lexington, 1977.

Chabás, J., *Literatura española contemporánea*, Ed. Cultural, La Habana, 1952.

Debicki, A., *Estudios sobre poesía española contemporánea*, Ed. Gredos, Madrid, 1981.

De la Guardia, A, *García Lorca: persona y creación*, Ed. Schapire, Buenos Aires, 1944.

Denis, N., «On the First Edition of Lorca's Poeta en Nueva York», *Otawwa Hispánica*, n.º I (1979), pp. 47-83.

Devlin, J., «García Lorca's Basic Affirmation in Poet in New York», *Studies in Honor of Samuel Montefiore Waxman*, Boston University Press, 1969, pp. 131-140.

Díaz-Plaja, G., *Federico García Lorca*, Ed. Espasa-Calpe, Madrid, 1973.

Durán, M. (ed.), *Lorca: A Collection of Critical Essays*, Englewood Cliffss, 1962.

Eich, C., *Federico García Lorca, poeta de la intensidad*, Ed. Gredos, Madrid, 1958.

Eisenberg, D., *Poeta en Nueva York: Historia y problemas de un texto de Lorca*, Ed. Ariel, Barcelona, 1967.

Feal Deibe, C., *Eros y Lorca*, Ed. Edhasa, Barcelona, 1973.

Flys, J., *El lenguaje poético de Federico García Lorca*, Ed. Gredos, Madrid, 1955.

—, «*Poeta en Nueva York* (La obra incomprendida de Federico García Lorca)», *Arbor*, n.º XXXI (1955), pp. 245-257.

Franconieri, F., «Lorca, New York e il surrealismo», *Vita e Pensiero*, n.º XLVI (1963), pp. 192-199.

Frazier, B., *La mujer en la obra de García Lorca*, Ed. Playor, Madrid, 1973.

Fusero, C., *Federico García Lorca*, Ed. Dall'Oglio, Milán, 1969.

García de la Concha, V. (ed.), *El surrealismo*, Ed. Taurus, Madrid, 1982.

—, *Federico y su mundo*, Ed. Alianza, Madrid, 1981.

García Montero, L., «Una espera inútil: Notas sobre el compromiso histórico de Federico García Lorca», en AA.VV., *Hommage à Federico García Lorca*, Univ. Toulouse-Le Mirail T. XX, 1982, pp. 17-20.

García Posada, M., *Federico García Lorca*, Ed. Edaf, Madrid, 1979.

—, *Lorca: Interpretación de «Poeta en Nueva York»*, Ed. Akal, Madrid, 1981.

— (ed.), *Federico García Lorca. Poesía* (2 v.), Ed. Akal, Madrid, 1982.

Geist, A.L., *La poética de la generación del 27 y las revistas literarias: De la Vanguardia al Compromiso (1918-1936)*, Ed. Labor, Madrid, 1980.

—, «Las mariposas en la barba: una lectura de Poeta en Nueva York» en *Cuadernos Hispanoamericanos* (septiembre-octubre de 1986), n.º 435-436, pp. 547-565.

Gibson, I., *Granada en 1936 y el asesinato de Federico García Lorca*, Ed. Ariel, Barcelona, 1979.

—, *Biografía*, Ed. Grijalbo, Barcelona, 1985.

Gil, I. M. (ed.), *Federico García Lorca*, Ed. Taurus, Madrid, 1973.

Guillén, J., «El impulso surrealista», en AA.VV., *Homenaje Universitario a Dámaso Alonso*, Ed. Gredos, Madrid, pp. 203-206.

Gullón, R., «Lorca en Nueva York», *La Torre*, n.º IV (abril-junio de 1957), pp. 161-170.

—, «¿Hubo un surrealismo español?», en García de la Concha, V. (ed.), 1982, pp. 77-89.

Harris, D., «The Religious Theme in Lorca's Poeta en Nueva York», *Bulletin of Spanish Studies*, n.º 54 (1976), pp. 315-326.

—, *García Lorca: Poeta en Nueva York*, Grant and Culler, Londres, 1978.

Hernández Valcárcel, M. C., *La expresión sensorial en cinco poetas del 27*, Universidad de Murcia, 1978.

Hess, R., «García Lorca y Whitman», *Arbor*, n.º LVIII (1964), pp. 265-282.

Higginbotham, V., «Lorca's Apprentieship in Surrealism», *Romanic Review*, n.º LXI (1970), pp. 109-122, y en García de la Concha, V., *El surrealismo*, Taurus, Madrid, 1982, pp. 240-254.

—, «Reflejos de Lautréamont en Poeta en Nueva York», *Hispanófila*, n.º XVI (1972), pp. 59-68; reproducido en Gil, I. M., *Federico García Lorca*, Ed. Taurus, Madrid, 1973, pp. 237-248.

—, *The Cosmic Spirit of Federico García Lorca*, University of Texas Press, Austin, 1976.

Honing, E., *García Lorca*, Ed. Lais, Madrid, 1974.

Ilie, P., *Los surrealistas españoles*, Ed. Taurus, Madrid, 1972.

Laffranque, M., *Les idées esthétiques de Federico García Lorca*, Ed. Centre de Recherches Hispaniques, París, 1967.

—, «Introducción a Comedia sin título», en Federico García Lorca, *El Público y Comedia sin título*, Ed. Seix-Barral, Barcelona, 1978.

—, «Poete at Public», *Europe*, n.º 616-617, pp. 115-127.

Larrea, J., «Federico García Lorca (Asesinado por el cielo)», *España Peregrina*, I, n.º 6 (julio de 1940), pp. 251-256; y en *Trece de Nieve*, n.º 1 (1976), pp. 117-124.

López Landeira, R., «Un puente entre dos poetas», *Rev. Hispánica Moderna*, n.º XXXV (1969), pp. 261-267.

Loughram, D. K., *Federico García Lorca*, Támesis Book, Londres, 1978.

Marcilly, C., «Notes pour l'étude de la pensée religieuse de Federico García Lorca ("Crucifixión")», en *Mélanges offerts a Marcel Bataillon par les hispanistes françaises de Bulletin Hispanique*. T. LXIX bis (1962), pp. 507-525.

—, *Ronde et fable de la solitude à New York. Prélude à Poeta en Nueva York*, Ed. Hispanoamericanas, París, 1962.

—, «II faut passer les ponts», *Europe*, n.º 616-617 (1980), pp. 29-50.

Martín, E. (ed.), *Poeta en Nueva York*, Ed. Ariel, Barcelona, 1983.

—, «¿Existe una versión definitiva de Poeta en Nueva York de Lorca?», *Ínsula*, n.º 310 (1972), pp. 1-10.

—, *Contribution à l'etude du cycle poétique newyorkais: Poeta en Nueva York, Tierra y Luna et autres poèmes* (Essai d'édition critique), Universidad de Poitiers, 1974.

Martínez Nadal, R., *Cuatro lecciones sobre Federico García Lorca*, Ed. Fundación Juan March / Cátedra, Madrid, 1980.

—, *El Público: amor y muerte en la obra de Federico García Lorca*, Ed. Joaquín Mortiz, México, 1970.

Maurer, C. (ed.), *Federico García Lorca. Epistolario* (2 v.), Ed. Alianza, Madrid, 1983.

— (ed.), *Federico García Lorca. Conferencias*, Ed. Alianza, Madrid, 1984.

—, «En torno a dos ediciones de Poeta en Nueva York», *Revista Canadiense de Estudios Hispánicos*, vol. IX, n.º 2 (1985), pp. 251-256.

Menarini, P., «Emblemas ideológicos en Poeta en Nueva York», en García de la Concha, V. (ed.), *Hommage à Federico García Lorca*, Univ. de Toulouse-Le Mirail, T. XX, 1982, pp. 255-270.

—, *Poeta en Nueva York di Federico García Lorca. Lettura crítica*, La Nuova Italia Editrice, Florencia, 1975.

Millán, M. C., «Voces poéticas de un poeta en Nueva York», *Nueva Estafeta*, n.º 9-10 (1979), pp. 98-106.

—, «Hacia un esclarecimiento de los poemas americanos de Federico García Lorca (Poeta en Nueva York y otros poemas)», *Ínsula*, n.º 431 (1982), pp. 1, 14 y 16 y n.º 434 (1982), p. 2.

—, «Sobre la escisión o no de Poeta en Nueva York», *Crotalón*, n.º 2, 1986, pp. 124-145.

—, *En torno a la estética superrealista: Algunos aspectos estilísticos de la generación del 27*, tesis doctoral, Universidad Complutense, Madrid, 1978.

—, *Poeta en Nueva York de Federico García Lorca, contexto y originalidad*, tesis doctoral, Universidad de Harvard, 1984.

Monleón, J., *García Lorca*, Ed. Aymá, Barcelona, 1974.

Mora Guarnido, J., *Federico García Lorca y su mundo*, Ed. Losada, Buenos Aires, 1958.

Morla Lynch, C., *En España con Federico García Lorca*, Ed. Aguilar, Madrid, 1958.

Morris, C. B., *A Generation of Spanish Poets (1920-1936)*, Cambridge University Press, 1969.

Peyrégne, F., *L'expression du sentiment de solitude chez cinq poètes spagnols de la géneration de 1927*, Centre de Recherches Hispaniques, París, 1981.

Pradal, G., «La paloma y el leopardo o lo humano y lo inhumano en la obra de Federico García Lorca», *Cuadernos Americanos*, n.º XVI (julio-agosto de 1956), pp. 193-207.

Predmore, R., «Nueva York y la conciencia social de Federico García Lorca», *Revista Hispánica Moderna*, Año XXXV, n.º 1-2 (1970-1971), pp. 32-40.

—, *Lorca's New York Poetry*, Duke University Press, Durham, 1980.

Ramos Gil, R., *Claves líricas de García Lorca*, Ed. Aguilar, Madrid, 1967.

Río, A. del, *Poeta en Nueva York*, Ed. Taurus, Madrid, 1958.

—, *Estudios sobre literatura española contemporánea*, Ed. Gredos, Madrid, 1972.

Rodríguez, J.C., «El compromiso político», en AA.VV., *Hommage à Federico García Lorca*, Univ. Toulouse-Le Mirail, T. XX, 1982, pp. 27-29.

Sáez, R., «The Ritual Sacrifice in Lorca's Poet in New York», en Durán, M. (ed.), *A Collection of Critical Essays*, Englewood Cliffs, 1962, pp. 108-128.

Salvador, A., «Federico García Lorca como poeta límite», en AA.VV., *Hommage à Federico García Lorca*, Univ. Toulouse-Le Mirail, T. XX, 1982, pp. 119-122.

Sánchez Vidal, A., «Extrañamiento e identidad de "su majestad el yo" al "éxtasis de los objetos"», en García de la Concha, V. (ed.), *El surrealismo*, Taurus, Madrid, 1982, pp. 50-73.

Scarano, T., «Constanti espressive e messaggio in Poeta en Nueva York di Federico García Lorca», en *Miscellanea di Studi Ispanici*, n.º 24 (1971-1973), pp. 177-216.

Scarpa, R.E., *El dramatismo en la poesía de FGL*, Ed. Universitaria, Santiago de Chile, 1961.

Schonberg, J.L., *FGL. L'homme-L'oeuvre*, París, 1956.

Schwartz, K., «García Lorca and Vermont», *Hispania*, n.º XLII (1961), pp. 50-55.

Semprun Donahue, M., «Cristo en Lorca», *Explicación de textos literarios*, n.º 4 (1975-1976), pp. 23-34.

Serra Pérez, J., «Técnicas surrealistas en Poeta en Nueva York», *Revista de la Universidad de Zulia*, n.º VIII (1965), pp. 277-291.

Sesé, B., «A propos de Poeta en Nueva York», *Les langues Néo-Latines*, n.º 160 (1962), pp. 1-35.

—, «Le sang dans l'univers imaginaire de FGL», *Les langues Néo-Latines*, n.º 165 (1963), pp. 2-43.

Trend, J. B., *Lorca and The Spanish Poetic Tradition*, Basil Blackwell, Oxford, 1955.

Umbral, F., *Lorca, poeta maldito*, Ed. Biblioteca Nueva, Madrid, 1975.

Vidal, H., «Paisaje de la multitud que vomita», *Romance Notes*, n.º X (1969), pp. 226-232.

Vivanco, L. F., *Poesía española contemporánea* (2 v.), Ed. Guadarrama, Madrid, 1974.

Xirau, R., «La relación mental-muerte en los poemas de García Lorca», *Nueva Revista de Filología Hispánica*, año VII, n.º 3-4 (1953), pp. 368 y ss.

Zuleta, E. de, *Cinco poetas españoles*, Ed. Gredos, Madrid, 1981.

CRITERIO DE ESTA EDICIÓN

El texto de *Poeta en Nueva York* que hoy presentamos sigue la versión que María Clementa Millán preparó para la colección Letras Hispánicas, de Ediciones Cátedra, Madrid, 1987. En dicha edición se presenta un texto integral, no dividido, tomando como base para su publicación el material editado por Norton y Séneca, que responde a los deseos de su autor en 1936. Consecuentemente, se adopta la distribución existente en esas dos ediciones, cuya única diferencia estructural radica en la ubicación del poema «La aurora». Por motivos de interpretación textual se opta, en este caso, por la versión Séneca, colocando la composición al final de la sección III, «Calles y sueños».

La ausencia del poema «Crucifixión» en Norton y Séneca (presente en esta edición) no puede considerarse una variante, ya que obedece a la imposibilidad de los respectivos editores de encontrar el poema en el momento de la edición.

Se incluye además «Amantes asesinados por una perdiz», narración breve que, según consta en una de las hojas conservadas por Humphries, debía ocupar el «quinto lugar» de la sección VI del poemario. La imposibilidad de conseguir su texto en 1940, como se afirma en la «nota del traductor», hizo que no se incluyera en la edición Norton, y tal vez fue ésta la causa que impidió su integración en Séneca. El desconocimiento de esta hoja-recordatorio hasta 1974 (exhumada por Eutinio Martín en *Contribution à l'étude du cycle poétique newyorkais: Poeta en Nueva York, Tierra y Luna et autres poè-mes*, Universidad de Poitiers, 1974) y el carácter narrativo de la composición contribuyeron, asimismo, a que no fuese incluida en ninguna de las ediciones de *Poeta en Nueva York* anteriores a esta fecha.

POETA EN NUEVA YORK

A Bebé y Carlos Morla

Los poemas de este libro están escritos en la ciudad
de Nueva York, el año 1929-1930, en que el poeta
vivió como estudiante en la Columbia University.

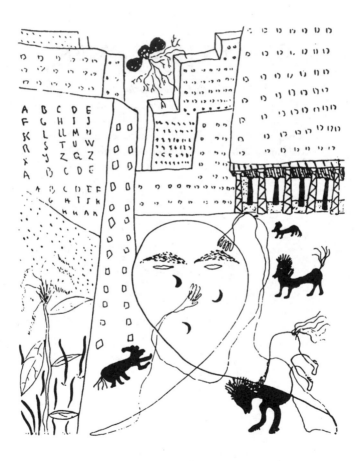

I

POEMAS DE LA SOLEDAD
EN COLUMBIA UNIVERSITY

Furia color de amor
amor color de olvido.
Luis CERNUDA

VUELTA DE PASEO

Asesinado por el cielo.
Entre las formas que van hacia la sierpe
y las formas que buscan el cristal,
dejaré crecer mis cabellos.

Con el árbol de muñones que no canta
y el niño con el blanco rostro de huevo.

Con los animalitos de cabeza rota
y el agua harapienta de los pies secos.

Con todo lo que tiene cansancio sordomudo
y mariposa ahogada en el tintero.

Tropezando con mi rostro distinto de cada día.
¡Asesinado por el cielo!

1910
(INTERMEDIO)

Aquellos ojos míos de mil novecientos diez
    no vieron enterrar a los muertos,
ni la feria de ceniza del que llora por la
    madrugada,
ni el corazón que tiembla arrinconado como un
    caballito de mar.

Aquellos ojos míos de mil novecientos diez
vieron la blanca pared donde orinaban las niñas,
el hocico del toro, la seta venenosa
y una luna incomprensible que iluminaba por
    los rincones
los pedazos de limón seco bajo el negro duro de
    las botellas.

Aquellos ojos míos en el cuello de la jaca,
en el seno traspasado de Santa Rosa dormida,
en los tejados del amor, con gemidos y frescas
    manos,
en un jardín donde los gatos se comían a las
    ranas.

Desván donde el polvo viejo congrega estatuas
   y musgos.
Cajas que guardan silencio de cangrejos
   devorados.
En el sitio donde el sueño tropezaba con su
   realidad.
Allí mis pequeños ojos.

No preguntarme nada. He visto que las cosas
cuando buscan su curso encuentran su vacío.
Hay un dolor de huecos por el aire sin gente
y en mis ojos criaturas vestidas ¡sin desnudo!

TU INFANCIA EN MENTÓN

Sí, tu niñez: ya fábula de fuentes.
Jorge GUILLÉN

Sí, tu niñez: ya fábula de fuentes.
El tren y la mujer que llena el cielo.
Tu soledad esquiva en los hoteles
y tu máscara pura de otro signo.
Es la niñez del mar y tu silencio
donde los sabios vidrios se quebraban.
Es tu yerta ignorancia donde estuvo
mi torso limitado por el fuego.
Norma de amor te di, hombre de Apolo,
llanto con ruiseñor enajenado,
pero, pasto de ruina, te afilabas
para los breves sueños indecisos.
Pensamiento de enfrente, luz de ayer,
índices y señales del acaso.
Tu cintura de arena sin sosiego
atiende sólo rastros que no escalan.
Pero yo he de buscar por los rincones
tu alma tibia sin ti que no te entiende,
con el dolor de Apolo detenido

con que he roto la máscara que llevas.
Allí, león, allí, furia de cielo,
te dejaré pacer en mis mejillas;
allí, caballo azul de mi locura,
pulso de nebulosa y minutero.
He de buscar las piedras de alacranes
y los vestidos de tu madre niña,
llanto de media noche y paño roto
que quitó luna de la sien del muerto.
Sí, tu niñez: ya fábula de fuentes.
Alma extraña de mi hueco de venas
te he de buscar pequeña y sin raíces.
¡Amor de siempre, amor, amor de nunca!
¡Oh, sí! Yo quiero. ¡Amor, amor! Dejadme.
No me tapen la boca los que buscan
espigas de Saturno por la nieve
o castran animales por un cielo,
clínica y selva de la anatomía.
Amor, amor, amor. Niñez del mar.
Tu alma tibia sin ti que no te entiende.
Amor, amor, un vuelo de la corza
por el pecho sin fin de la blancura.
Y tu niñez, amor, y tu niñez.
El tren y la mujer que llena el cielo.
Ni tú, ni yo, ni el aire, ni las hojas.
Sí, tu niñez: ya fábula de fuentes.

FÁBULA Y RUEDA DE LOS TRES AMIGOS

Enrique,
Emilio,
Lorenzo.
Estaban los tres helados.
Enrique por el mundo de las camas,
Emilio por el mundo de los ojos y las heridas
    de las manos,
Lorenzo por el mundo de las universidades sin
    tejados.

Lorenzo,
Emilio,
Enrique.
Estaban los tres quemados.
Lorenzo por el mundo de las hojas y las bolas
    de billar,
Emilio por el mundo de la sangre y los alfileres
    blancos,
Enrique por el mundo de los muertos y los
    periódicos abandonados.
Lorenzo,
Emilio,
Enrique.

Estaban los tres enterrados.
Lorenzo en un seno de Flora,
Emilio en la yerta ginebra que se olvida en el vaso,
Enrique en la hormiga, en el mar y en los ojos
vacíos de los pájaros.
Lorenzo,
Emilio,
Enrique.
Fueron los tres en mis manos
tres montañas chinas,
tres sombras de caballo,
tres paisajes de nieve y una cabaña de azucenas
por los palomares donde la luna se pone plana
bajo el gallo.

Uno
y uno
y uno.
Estaban los tres momificados,
con las moscas del invierno,
con los tinteros que orina el perro y desprecia el
vilano,
con la brisa que hiela el corazón de todas las
madres,
por los blancos derribos de Júpiter donde
meriendan muerte los borrachos.
Tres
y dos
y uno.
Los vi perderse llorando y cantando
por un huevo de gallina,
por la noche que enseñaba su esqueleto de
tabaco

por mi dolor lleno de rostros y punzantes
    esquirlas de luna,
por mi alegría de ruedas dentadas y látigos,
por mi pecho turbado por las palomas,
por mi muerte desierta con un solo paseante
    equivocado.

Yo había matado la quinta luna
y bebían agua por las fuentes los abanicos y los
    aplausos.
Tibia leche encerrada de las recién paridas
agitaba las rosas con un largo dolor blanco.

Enrique,
Emilio,
Lorenzo.
Diana es dura,
pero a veces tiene los pechos nublados.
Puede la piedra blanca latir en la sangre del
    ciervo
y el ciervo puede soñar por los ojos de un
    caballo.

Cuando se hundieron las formas puras
bajo el cri cri de las margaritas,
comprendí que me habían asesinado.
Recorrieron los cafés y los cementerios y las
    iglesias.
Abrieron los toneles y los armarios.
Destrozaron tres esqueletos para arrancar sus
    dientes de oro.
Ya no me encontraron.

¿No me encontraron?

No. No me encontraron.

Pero se supo que la sexta luna huyó torrente
    arriba,

y que el mar recordó ¡de pronto!

los nombres de todos sus ahogados.

II
LOS NEGROS

Para Ángel del Río

NORMA Y PARAÍSO DE LOS NEGROS

Odian la sombra del pájaro
sobre el pleamar de la blanca mejilla
y el conflicto de luz y viento
en el salón de la nieve fría.

Odian la flecha sin cuerpo,
el pañuelo exacto de la despedida,
la aguja que mantiene presión y rosa
en el gramíneo rubor de la sonrisa.

Aman el azul desierto,
las vacilantes expresiones bovinas,
la mentirosa luna de los polos,
la danza curva del agua en la orilla.

Con la ciencia del tronco y el rastro
llenan de nervios luminosos la arcilla
y patinan lúbricos por aguas y arenas
gustando la amarga frescura de su milenaria
    saliva.

Es por el azul crujiente,
azul sin un gusano ni una huella dormida,
donde los huevos de avestruz quedan eternos
y deambulan intactas las lluvias bailarinas.

Es por el azul sin historia,
azul de una noche sin temor de día,
azul donde el desnudo del viento va quebrando
los camellos sonámbulos de las nubes vacías.

Es allí donde sueñan los torsos bajo la gula de
la hierba.
Allí los corales empapan la desesperación de la
tinta,
los durmientes borran sus perfiles bajo la
madeja de los caracoles
y queda el hueco de la danza ¡sobre las últimas
cenizas!

EL REY DE HARLEM

Con una cuchara de palo
le arrancaba los ojos a los cocodrilos
y golpeaba el trasero de los monos.
Con una cuchara de palo.

Fuego de siempre dormía en los pedernales
y los escarabajos borrachos de anís
olvidaban el musgo de las aldeas.

Aquel viejo cubierto de setas
iba al sitio donde lloraban los negros
mientras crujía la cuchara del rey
y llegaban los tanques de agua podrida.

Las rosas huían por los filos
de las últimas curvas del aire
y en los montones de azafrán
los niños machacaban pequeñas ardillas
con un rubor de frenesí manchado.

Es preciso cruzar los puentes
y llegar al rumor negro

para que el perfume de pulmón
nos golpee las sienes con su vestido
de caliente piña.

Es preciso matar al rubio vendedor de
	aguardiente,
a todos los amigos de la manzana y de la arena;
y es necesario dar con los puños cerrados
a las pequeñas judías que tiemblan llenas de
	burbujas,
para que el rey de Harlem cante con su
	muchedumbre,
para que los cocodrilos duerman en largas filas,
bajo el amianto de la luna,
y para que nadie dude la infinita belleza
de los plumeros, los ralladores, los cobres y las
	cacerolas de las cocinas.

¡Ay, Harlem! ¡Ay, Harlem! ¡Ay, Harlem!
No hay angustia comparable a tus ojos
	oprimidos,
a tu sangre estremecida dentro del eclipse
	oscuro,
a tu violencia granate, sordomuda en la
	penumbra,
a tu gran rey prisionero, con un traje de conserje.

Tenía la noche una hendidura y quietas
	salamandras de marfil.
Las muchachas americanas
llevaban niños y monedas en el vientre
y los muchachos se desmayaban en la cruz del
	desperezo.

Ellos son.
Ellos son los que beben el whisky de plata junto a
    los volcanes
y tragan pedacitos de corazón por las heladas
    montañas del oso.

Aquella noche el rey de Harlem, con una
    durísima cuchara,
le arrancaba los ojos a los cocodrilos
y golpeaba el trasero de los monos.
Con una durísima cuchara.

Los negros lloraban confundidos
entre paraguas y soles de oro;
los mulatos estiraban gomas, ansiosos de llegar
    al torso blanco,
y el viento empañaba espejos
y quebraba las venas de los bailarines.

¡Negros! ¡Negros! ¡Negros! ¡Negros!
La sangre no tiene puertas en vuestra noche
    boca arriba.
No hay rubor. Sangre furiosa por debajo de las
    pieles,
viva en la espina del puñal y en el pecho de los
    paisajes,
bajo las pinzas y las retamas de la celeste luna
    de Cáncer.
Sangre que busca por mil caminos muertes
    enharinadas y ceniza de nardos,
cielos yertos, en declive, donde las colonias de
    planetas
rueden por las playas con los objetos
    abandonados.

Sangre que mira lenta con el rabo del ojo,
hecha de espartos exprimidos y néctares
　　subterráneos.
Sangre que oxida al alisio descuidado en una
　　huella
y disuelve a las mariposas en los cristales de la
　　ventana.

Es la sangre que viene, que vendrá
por los tejados y azoteas, por todas partes,
para quemar la clorofila de las mujeres rubias,
para gemir al pie de las camas, ante el insomnio
　　de los lavabos,
y estrellarse en una aurora de tabaco y bajo
　　amarillo.

¡Hay que huir!,
huir por las esquinas y encerrarse en los últimos
　　pisos,
porque el tuétano del bosque penetrará por las
　　rendijas
para dejar en vuestra carne una leve huella de
　　eclipse
y una falsa tristeza de guante desteñido y rosa
　　química.

Es por el silencio sapientísimo
cuando los cocineros y los camareros y los que
　　limpian con la lengua
las heridas de los millonarios
buscan al rey por las calles o en los ángulos del
　　salitre.

Un viento sur de madera oblicuo en el negro fango,
escupe a las barcas rotas y se clava puntillas en
   los hombros.
Un viento sur que lleva
colmillos, girasoles, alfabetos,
y una pila de Volta con avispas ahogadas.

El olvido estaba expresado por tres gotas de
   tinta sobre el monóculo.
El amor, por un solo rostro invisible a flor de
   piedra.
Médulas y corolas componían sobre las nubes
un desierto de tallos, sin una sola rosa.

A la izquierda, a la derecha, por el Sur y por el
   Norte,
se levanta el muro impasible
para el topo y la aguja del agua.
No busquéis, negros, su grieta
para hallar la máscara infinita.
Buscad el gran sol del centro
hechos una piña zumbadora.

El sol que se desliza por los bosques
seguro de no encontrar una ninfa.
El sol que destruye números y no ha cruzado
   nunca un sueño,
el tatuado sol que baja por el río
y muge seguido de caimanes.

¡Negros! ¡Negros! ¡Negros! ¡Negros!
Jamás sierpe, ni cebra, ni mula,
palidecieron al morir.

El leñador no sabe cuándo expiran
los clamorosos árboles que corta.
Aguardad bajo la sombra vegetal de vuestro rey
a que cicutas y cardos y ortigas turben postreras
    azoteas.

Entonces, negros, entonces, entonces,
podréis besar con frenesí las ruedas de las
    bicicletas,
poner parejas de microscopios en las cuevas de
    las ardillas
y danzar al fin sin duda, mientras las flores
    erizadas
asesinan a nuestro Moisés casi en los juncos del
    cielo.

¡Ay, Harlem disfrazada!
¡Ay, Harlem, amenazada por un gentío de
    trajes sin cabeza!
Me llega tu rumor.
Me llega tu rumor atravesando troncos y
    ascensores,
a través de láminas grises,
donde flotan tus automóviles cubiertos de
    dientes,
a través de los caballos muertos y los crímenes
    diminutos,
a través de tu gran rey desesperado
cuyas barbas llegan al mar.

IGLESIA ABANDONADA
(BALADA DE LA GRAN GUERRA)

Yo tenía un hijo que se llamaba Juan.
Yo tenía un hijo.
Se perdió por los arcos un viernes de todos los
    muertos.
Lo vi jugar en las últimas escaleras de la misa,
y echaba un cubito de hojalata en el corazón del
    sacerdote.
He golpeado los ataúdes. ¡Mi hijo! ¡Mi hijo!
    ¡Mi hijo!
Saqué una pata de gallina por detrás de la luna,
    y luego,
comprendí que mi niña era un pez
por donde se alejan las carretas.
Yo tenía una niña.
Yo tenía un pez muerto bajo la ceniza de los
    incensarios.
Yo tenía un mar. ¿De qué? ¡Dios mío! ¡Un mar!
Subí a tocar las campanas pero las frutas tenían
    gusanos
y las cerillas apagadas
se comían los trigos de la primavera.
Yo vi la transparente cigüeña de alcohol

mondar las negras cabezas de los soldados
      agonizantes
y vi las cabañas de goma
donde giraban las copas llenas de lágrimas.
En las anémonas del ofertorio te encontraré
      ¡corazón mío!
cuando el sacerdote levante la mula y el buey
      con sus fuertes brazos,
para espantar los sapos nocturnos que rondan
      los helados paisajes del cáliz.
Yo tenía un hijo que era un gigante,
pero los muertos son más fuertes y saben
      devorar pedazos de cielo.
Si mi niño hubiera sido un oso,
yo no temería el sigilo de los caimanes,
ni hubiese visto el mar amarrado a los árboles
para ser fornicado y herido por el tropel de los
      regimientos.
¡Si mi niño hubiera sido un oso!
Me envolveré sobre esta lona dura para no
      sentir el frío de los musgos.
Sé muy bien que me darán una manga o la
      corbata;
pero en el centro de la misa yo romperé el
      timón y entonces
vendrá a la piedra la locura de pingüinos y
      gaviotas
que harán decir a los que duermen y a los que
      cantan por las esquinas:
Él tenía un hijo.
¡Un hijo! ¡Un hijo! ¡Un hijo
que no era más que suyo, porque era su hijo!
¡Su hijo! ¡Su hijo! ¡Su hijo!

III
. CALLES Y SUEÑOS

A Rafael R. Rapún

Un pájaro de papel en el pecho
dice que el tiempo de los besos no
ha llegado.
Vicente ALEIXANDRE

DANZA DE LA MUERTE

El mascarón. Mirad el mascarón
cómo viene del África a New York.

Se fueron los árboles de la pimienta,
los pequeños botones de fósforo.
Se fueron los camellos de carne desgarrada
y los valles de luz que el cisne levantaba con el
    pico.

Era el momento de las cosas secas:
de la espiga en el ojo y el gato laminado;
del óxido de hierro de los grandes puentes
y el definitivo silencio del corcho.

Era la gran reunión de los animales muertos
traspasados por las espadas de la luz.
La alegría eterna del hipopótamo con las
    pezuñas de ceniza
y de la gacela con una siempreviva en la garganta.

En la marchita soledad sin onda
el abollado mascarón danzaba.

Medio lado del mundo era de arena,
mercurio y sol dormido el otro medio.
El mascarón. ¡Mirad el mascarón!
Arena, caimán y miedo sobre Nueva York.

Desfiladeros de cal aprisionaban un cielo vacío
donde sonaban las voces de los que mueren bajo
    el guano.
Un cielo mondado y puro, idéntico a sí mismo,
con el bozo y lirio agudo de sus montañas
    invisibles.

Acabó con los más leves tallitos del canto
y se fue al diluvio empaquetado de la savia,
a través del descanso de los últimos perfiles
levantando con el rabo pedazos de espejo.

Cuando el chino lloraba en el tejado
sin encontrar el desnudo de su mujer,
y el director del banco observaba el manómetro
que mide el cruel silencio de la moneda,
el mascarón llegaba a Wall Street.

No es extraño para la danza
este columbario que pone los ojos amarillos.
De la esfinge a la caja de caudales hay un hilo
    tenso
que atraviesa el corazón de todos los niños
    pobres.
El ímpetu primitivo baila con el ímpetu
    mecánico,
ignorantes en su frenesí de la luz original.

Porque si la rueda olvida su fórmula
ya puede cantar desnuda con las manadas de
    caballos
y si una llama quema los helados proyectos
el cielo tendrá que huir ante el tumulto de las
    ventanas.

No es extraño este sitio para la danza. Yo lo
    digo.
El mascarón bailará entre columnas de sangre y
    de números,
entre huracanes de oro y gemidos de obreros
    parados
que aullarán, noche oscura, por tu tiempo sin
    luces.
¡Oh salvaje Norteamérica, oh impúdica! ¡Oh
    salvaje!
Tendida en la frontera de la nieve.

El mascarón. ¡Mirad el mascarón!
¡Qué ola de fango y luciérnagas sobre Nueva
    York!

Yo estaba en la terraza luchando con la luna.
Enjambres de ventanas acribillaban un muslo
    de la noche.
En mis ojos bebían las dulces vacas de los cielos
y las brisas de largos remos
golpeaban los cenicientos cristales del
    Broadway.
La gota de sangre buscaba la luz de la yema del
    astro

para fingir una muerta semilla de manzana.
El aire de la llanura, empujado por los pastores,
temblaba con un miedo de molusco sin concha.

Pero no son los muertos los que bailan.
Estoy seguro.
Los muertos están embebidos devorando sus
    propias manos.

Son los otros los que bailan, con el mascarón y
    su vihuela.
Son los otros, los borrachos de plata, los
    hombres fríos,
los que duermen en el cruce de los muslos y
    llamas duras,
los que buscan la lombriz en el paisaje de las
    escaleras,
los que beben en el banco lágrimas de niña
    muerta
o los que comen por las esquinas diminutas
    pirámides del alba.

¡Que no baile el Papa!
¡No, que no baile el Papa!
Ni el Rey;
ni el millonario de dientes azules,
ni las bailarinas secas de las catedrales,
ni constructores, ni esmeraldas, ni locos, ni
    sodomitas.
Sólo este mascarón.
Este mascarón de vieja escarlatina.
¡Sólo este mascarón!

Que ya las cobras silbarán por los últimos pisos.
Que ya las ortigas estremecerán patios y
    terrazas.
Que ya la Bolsa será una pirámide de musgo.
Que ya vendrán lianas después de los fusiles
y muy pronto, muy pronto, muy pronto.
¡Ay, Wall Street!

El mascarón. ¡Mirad el mascarón!
¡Cómo escupe veneno de bosque
por la angustia imperfecta de Nueva York!

PAISAJE DE LA MULTITUD QUE VOMITA
(ANOCHECER DE CONEY ISLAND)

La mujer gorda venía delante
arrancando las raíces y mojando el pergamino
     de los tambores.
La mujer gorda,
que vuelve del revés los pulpos agonizantes.
La mujer gorda, enemiga de la luna,
corría por las calles y los pisos deshabitados
y dejaba por los rincones pequeñas calaveras de
     paloma
y levantaba las furias de los banquetes de los
     siglos últimos
y llamaba al demonio del pan por las colinas del
     cielo barrido
y filtraba un ansia de luz en las circulaciones
     subterráneas.
Son los cementerios. Lo sé. Son los cementerios
y el dolor de las cocinas enterradas bajo la
     arena.
Son los muertos, los faisanes y las manzanas de
     otra hora
los que nos empujan en la garganta.

Llegaban los rumores de la selva del vómito
con las mujeres vacías, con niños de cera
	caliente
con árboles fermentados y camareros incansables
que sirven platos de sal bajo las arpas de la
	saliva.
Sin remedio, hijo mío, ¡vomita! No hay
	remedio.
No es el vómito de los húsares sobre los pechos
	de la prostituta,
ni el vómito del gato que se tragó una rana por
	descuido.
Son los muertos que arañan con sus manos de
	tierra
las puertas de pederna donde se pudren nublos
	y postres.

La mujer gorda venía delante
con las gentes de los barcos, de las tabernas y de
	los jardines.
El vómito agitaba delicadamente sus tambores
entre algunas niñas de sangre
que pedían protección a la luna.
¡Ay de mí! ¡Ay de mí! ¡Ay de mí!
Esta mirada mía fue mía, pero ya no es mía.
Esta mirada que tiembla desnuda por el alcohol
y despide barcos increíbles
por las anémonas de los muelles.
Me defiendo con esta mirada
que mana de las ondas por donde el alba no se
	atreve.
Yo, poeta sin brazos, perdido
entre la multitud que vomita,

sin caballo efusivo que corte
los espesos musgos de mis sienes.
Pero la mujer gorda seguía delante
y la gente buscaba las farmacias
donde el amargo trópico se fija.
Sólo cuando izaron la bandera y llegaron los
    primeros canes
la ciudad entera se agolpó en las barandillas
del embarcadero.

PAISAJE DE LA MULTITUD QUE ORINA
(NOCTURNO DE BATTERY PLACE)

Se quedaron solos.
Aguardaban la velocidad de las últimas
    bicicletas.
Se quedaron solas.
Esperaban la muerte de un niño en el velero
    japonés.
Se quedaron solos y solas,
soñando con los picos abiertos de los pájaros
    agonizantes,
con el agudo quitasol que pincha
al sapo recién aplastado,
bajo un silencio con mil orejas
y diminutas bocas de agua
en los desfiladeros que resisten
el ataque violento de la luna.
Lloraba el niño del velero y se quebraban los
    corazones
angustiados por el testigo y la vigilia de todas
    las cosas
y porque todavía en el suelo celeste de negras
    huellas

gritaban nombres oscuros, salivas y radios de
    níquel.
No importa que el niño calle cuando le claven
    el último alfiler.
No importa la derrota de la brisa en la corola
    del algodón.
Porque hay un mundo de la muerte con
    marineros definitivos
que se asomarán a los arcos y os helarán por
    detrás de los árboles.
Es inútil buscar el recodo
donde la noche olvida su viaje
y acechar un silencio que no tenga
trajes rotos y cáscaras y llanto,
porque tan sólo el diminuto banquete de la
    araña
basta para romper el equilibrio de todo el cielo.
No hay remedio para el gemido del velero
    japonés,
ni para estas gentes ocultas que tropiezan con
    las esquinas.
El campo se muerde la cola para unir las raíces
    en un punto
y el ovillo busca por la grama su ansia de
    longitud insatisfecha.
¡La luna! Los policías ¡Las sirenas de los
    transatlánticos!
Fachadas de orín, de humo, anémonas, guantes
    de goma.
Todo está roto por la noche,
abierta de piernas sobre las terrazas.
Todo está roto por los tibios caños
de una terrible fuente silenciosa.

¡Oh gentes! ¡Oh mujercillas! ¡Oh soldados!
Será preciso viajar por los ojos de los idiotas,
campos libres donde silban las mansas cobras
    deslumbradas,
paisajes llenos de sepulcros que producen
    fresquísimas manzanas,
para que venga la luz desmedida
que temen los ricos detrás de sus lupas,
el olor de un solo cuerpo con la doble vertiente
    de lis y rata
y para que se quemen estas gentes que pueden
    orinar alrededor de un gemido
o en los cristales donde se comprenden las olas
    nunca repetidas.

ASESINATO
(DOS VOCES DE MADRUGADA
EN RIVERSIDE DRIVE)

¿Cómo fue?
Una grieta en la mejilla.
¡Eso es todo!
Una uña que aprieta el tallo.
Un alfiler que bucea
hasta encontrar las raicillas del grito.
Y el mar deja de moverse.
¿Cómo, cómo fue?
Así.
¡Déjame! ¿De esa manera?
Sí.
El corazón salió solo.
¡Ay, ay de mí!

NAVIDAD EN EL HUDSON

¡Esa esponja gris!
Ese marinero recién degollado.
Ese río grande.
Esa brisa de límites oscuros.
Ese filo, amor, ese filo.
Estaban los cuatro marineros luchando con el
    mundo.
Con el mundo de aristas que ven todos los
    ojos.
Con el mundo que no se puede recorrer sin
    caballos.
Estaba uno, cien, mil marineros
luchando con el mundo de las agudas
    velocidades,
sin enterarse de que el mundo
    estaba solo por el cielo.

El mundo solo por el cielo solo.
Son las colinas de martillos y el triunfo de la
    hierba espesa.
Son los vivísimos hormigueros y las monedas en
    el fango.

El mundo solo por el cielo solo
y el aire a la salida de todas las aldeas.

Cantaba la lombriz el terror de la rueda
y el marinero degollado
cantaba al oso de agua que lo había de estrechar
y todos cantaban aleluya
aleluya. Cielo desierto.
Es lo mismo ¡lo mismo! aleluya.

He pasado toda la noche en los andamios de los
    arrabales
dejándome la sangre por la escayola de los
    proyectos,
ayudando a los marineros a recoger las velas
    desgarradas
y estoy con las manos vacías en el rumor de la
    desembocadura.
No importa que cada minuto
un niño nuevo agite sus ramitos de venas
ni que el parto de la víbora, desatado bajo las
    ramas,
calme la sed de sangre de los que miran el
    desnudo.
Lo que importa es esto: hueco. Mundo solo.
    Desembocadura.
Alba no. Fábula inerte.
Sólo esto: Desembocadura.
¡Oh esponja mía gris!
¡Oh cuello mío recién degollado!
¡Oh río grande mío!
¡Oh brisa mía de límites que no son míos!
¡Oh filo de mi amor! ¡Oh hiriente filo!

CIUDAD SIN SUEÑO
(NOCTURNO DEL BROOKLYN BRIDGE)

No duerme nadie por el cielo. Nadie, nadie.
No duerme nadie.
Las criaturas de la luna huelen y rondan las
    cabañas.
Vendrán las iguanas vivas a morder a los
    hombres que no sueñan
y el que huye con el corazón roto encontrará
    por las esquinas
al increíble cocodrilo quieto bajo la tierna
    protesta de los astros.

No duerme nadie por el mundo. Nadie, nadie.
No duerme nadie.
Hay un muerto en el cementerio más lejano
que se queja tres años
porque tiene un paisaje seco en la rodilla
y el niño que enterraron esta mañana lloraba
    tanto
que hubo necesidad de llamar a los perros para
    que callase.

No es sueño la vida. ¡Alerta! ¡Alerta! ¡Alerta!
Nos caemos por las escaleras para comer la
    tierra húmeda
o subimos al filo de la nieve con el coro de las
    dalias muertas.
Pero no hay olvido ni sueño:
carne viva. Los besos atan las bocas
en una maraña de venas recientes
y al que le duele su dolor le dolerá sin descanso
y el que teme la muerte la llevará sobre los
    hombros.

Un día
los caballos vivirán en las tabernas
y las hormigas furiosas
atacarán los cielos amarillos que se refugian en
    los ojos de las vacas.
Otro día
veremos la resurrección de las mariposas disecadas
y aun andando por un paisaje de esponjas grises
    y barcos mudos
veremos brillar nuestro anillo y manar rosas de
    nuestra lengua.

¡Alerta! ¡Alerta! ¡Alerta!
A los que guardan todavía huellas de zarpa y
    aguacero,
a aquel muchacho que llora porque no sabe la
    invención del puente
o a aquel muerto que ya no tiene más que la
    cabeza y un zapato,
hay que llevarlos al muro donde iguanas y
    sierpes esperan,

donde espera la dentadura del oso,
donde espera la mano momificada del niño
y la piel del camello se eriza con un violento
    escalofrío azul.

No duerme nadie por el cielo. Nadie, nadie.
No duerme nadie.
Pero si alguien cierra los ojos
¡azotadlo, hijos míos, azotadlo!
Haya un panorama de ojos abiertos
y amargas llagas encendidas.
No duerme nadie por el mundo. Nadie, nadie.
Ya lo he dicho.
No duerme nadie.
Pero si alguien tiene por la noche exceso de
    musgo en las sienes,
abrid los escotillones para que vea bajo la luna
las copas falsas, el veneno y la calavera de los
    teatros.

PANORAMA CIEGO DE NUEVA YORK

Si no son los pájaros
cubiertos de ceniza,
si no son los gemidos que golpean las ventanas
    de la boda,
serán las delicadas criaturas del aire
que manan la sangre nueva por la oscuridad
    inextinguible.
Pero no, no son pájaros,
porque los pájaros están a punto de ser bueyes.
Pueden ser rocas blancas con la ayuda de la
    luna,
y son siempre muchachos heridos
antes de que los jueces levanten la tela.

Todos comprenden el dolor que se relaciona
    con la muerte
pero el verdadero dolor no está presente en el
    espíritu.
No está en el aire, ni en nuestra vida,
ni en estas terrazas llenas de humo.
El verdadero dolor que mantiene despiertas las
    cosas

es una pequeña quemadura infinita
en los ojos inocentes de los otros sistemas.

Un traje abandonado pesa tanto en los
    hombros,
que muchas veces el cielo los agrupa en ásperas
    manadas;
y las que mueren de parto saben en la última
    hora
que todo rumor será piedra y toda huella,
    latido.
Nosotros ignoramos que el pensamiento tiene
    arrabales
donde el filósofo es devorado por los chinos y
    las orugas
y algunos niños idiotas han encontrado por las
    cocinas
pequeñas golondrinas con muletas
que sabían pronunciar la palabra amor.

No, no son los pájaros.
No es un pájaro el que expresa la turbia fiebre
    de laguna,
ni el ansia de asesinato que nos oprime cada
    momento,
ni el metálico rumor de suicidio que nos anima
    cada madrugada:
es una cápsula de aire donde nos duele todo el
    mundo,
es un pequeño espacio vivo al loco unisón de la
    luz,
es una escala indefinible donde las nubes y rosas
    olvidan

el griterío chino que bulle por el
    desembarcadero de la sangre.
Yo muchas veces me he perdido
para buscar la quemadura que mantiene
    despiertas las cosas
y sólo he encontrado marineros echados sobre
    las barandillas
y pequeñas criaturas del cielo enterradas bajo la
    nieve.
Pero el verdadero dolor estaba en otras plazas
donde los peces cristalizados agonizaban dentro
    de los troncos,
plazas del cielo extraño para las antiguas
    estatuas ilesas
y para la tierna intimidad de los volcanes.

No hay dolor en la voz. Sólo existen los dientes,
pero dientes que callarán aislados por el raso
    negro.

No hay dolor en la voz. Aquí sólo existe la
    Tierra.
La Tierra con sus puertas de siempre
que llevan al rubor de los frutos.

NACIMIENTO DE CRISTO

Un pastor pide teta por la nieve que ondula
blancos perros tendidos entre linternas sordas.
El Cristito de barro se ha partido los dedos
en los filos eternos de la madera rota.

¡Ya vienen las hormigas y los pies ateridos!
Dos hilillos de sangre quiebran el cielo duro.
Los vientres del demonio resuenan por los
    valles
golpes y resonancias de carne de molusco.

Lobos y sapos cantan en las hogueras verdes
coronadas por vivos hormigueros del alba.
La mula tiene un sueño de grandes abanicos
y el toro sueña un toro de agujeros y de agua.

El niño llora y mira con un tres en la frente.
San José ve en el heno tres espinas de bronce.
Los pañales exhalan un rumor de desierto
con cítaras sin cuerdas y degolladas voces.

La nieve de Manhattan empuja los anuncios
y lleva gracia pura por las falsas ojivas.
Sacerdotes idiotas y querubes de pluma
van detrás de Lutero por las altas esquinas.

LA AURORA

La aurora de Nueva York tiene
cuatro columnas de cieno
y un huracán de negras palomas
que chapotean las aguas podridas.
La aurora de Nueva York gime
por las inmensas escaleras
buscando entre las aristas
nardos de angustia dibujada.
La aurora llega y nadie la recibe en su boca
porque allí no hay mañana ni esperanza posible:
A veces las monedas en enjambres furiosos
taladran y devoran abandonados niños.
Los primeros que salen comprenden con sus
    huesos
que no habrá paraíso ni amores deshojados:
saben que van al cieno de números y leyes,
a los juegos sin arte, a sudores sin fruto.
La luz es sepultada por cadenas y ruidos
en impúdico reto de ciencia sin raíces.
Por los barrios hay gentes que vacilan insomnes
como recién salidas de un naufragio de sangre.

IV
POEMAS DEL LAGO EDEN MILLS

A Eduardo Ugarte

POEMA DOBLE DEL LAGO EDEN

Nuestro ganado pace, el viento espira.
GARCILASO

Era mi voz antigua
ignorante de los densos jugos amargos.
La adivino lamiendo mis pies
bajo los frágiles helechos mojados.

¡Ay voz antigua de mi amor!
¡Ay voz de mi verdad!
¡Ay voz de mi abierto costado,
cuando todas las rosas manaban de mi
    lengua
y el césped no conocía la impasible dentadura
    del caballo!

Estás aquí bebiendo mi sangre,
bebiendo mi humor de niño pasado,
mientras mis ojos se quiebran en el viento
con el aluminio y las voces de los borrachos.

Dejarme pasar la puerta
donde Eva come hormigas
y Adán fecunda peces deslumbrados.
Dejarme pasar, hombrecillos de los cuernos,
al bosque de los desperezos
y los alegrísimos saltos.

Yo sé el uso más secreto
que tiene un viejo alfiler oxidado
y sé del horror de unos ojos despiertos
sobre la superficie concreta del plato.

Pero no quiero mundo ni sueño, voz divina,
quiero mi libertad, mi amor humano
en el rincón más oscuro de la brisa que nadie
    quiera.
¡Mi amor humano!

Esos perros marinos se persiguen
y el viento acecha troncos descuidados.
¡Oh voz antigua, quema con tu lengua
esta voz de hojalata y de talco!

Quiero llorar porque me da la gana,
como lloran los niños del último banco,
porque no soy un hombre, ni un poeta, ni una
    hoja,
pero sí un pulso herido que ronda las cosas del
    otro lado.

Quiero llorar diciendo mi nombre,
rosa, niño y abeto a la orilla de este lago,
para decir mi verdad de hombre de sangre

matando en mí la burla y la sugestión del
vocablo.

No, no. Yo no pregunto, yo deseo.
Voz mía libertada que me lames las manos.
En el laberinto de biombos es mi desnudo el
que recibe
la luna de castigo y el reloj encenizado.

Así hablaba yo.
Así hablaba yo cuando Saturno detuvo los
trenes
y la bruma y el Sueño y la Muerte me estaban
buscando.
Me estaban buscando
allí donde mugen las vacas que tienen patitas de
paje
y allí donde flota mi cuerpo entre los equilibrios
contrarios.

CIELO VIVO

Yo no podré quejarme
si no encontré lo que buscaba.
Cerca de las piedras sin jugo y los insectos vacíos
no veré el duelo del sol con las criaturas en
    carne viva.

Pero me iré al primer paisaje
de choques, líquidos y rumores
que trasmina a niño recién nacido
y donde toda superficie es evitada,
para entender que lo que busco tendrá su
    blanco de alegría
cuando yo vuele mezclado con el amor y las
    arenas.

Allí no llega la escarcha de los ojos apagados
ni el mugido del árbol asesinado por la oruga.
Allí todas las formas guardan entrelazadas
una sola expresión frenética de avance.

No puedes avanzar por los enjambres de corolas
porque el aire disuelve tus dientes de azúcar.

Ni puedes acariciar la fugaz hoja del helecho
sin sentir el asombro definitivo del marfil.

Allí bajo las raíces y en la médula del aire
se comprende la verdad de las cosas
    equivocadas.
El nadador de níquel que acecha la onda más
    fina
y el rebaño de vacas nocturnas con rojas patitas
    de mujer.

Yo no podré quejarme
si no encontré lo que buscaba,
pero me iré al primer paisaje de humedades y
    latidos
para entender que lo que busco tendrá su
    blanco de alegría
cuando yo vuele mezclado con el amor y las
    arenas.

Vuelo fresco de siempre sobre lechos vacíos.
Sobre grupos de brisas y barcos encallados.
Tropiezo vacilante por la dura eternidad fija
y amor al fin sin alba. Amor. ¡Amor visible!

V
EN LA CABAÑA DEL FARMER

(CAMPO DE NEWBURG)

A Concha Méndez
y Manuel Altolaguirre

EL NIÑO STANTON

Do you like me?
Yes, and you?
Yes, yes.

Cuando me quedo solo
me quedan todavía tus diez años
los tres caballos ciegos,
tus quince rostros con el rostro de la pedrada
y las fiebres pequeñas heladas sobre las hojas
    del maíz.
Stanton. Hijo mío. Stanton.
A las doce de la noche el cáncer salía por los
    pasillos
y hablaba con los caracoles vacíos de los
    documentos.
El vivísimo cáncer lleno de nubes y
    termómetros
con su casto afán de manzana para que lo
    piquen los ruiseñores.
En la casa donde hay un cáncer
se quiebran las blancas paredes en el delirio de
    la astronomía

y por los establos más pequeños y en las cruces
   de los bosques
brilla por muchos años el fulgor de la
   quemadura.
Mi dolor sangraba por las tardes
cuando tus ojos eran dos muros,
cuando tus manos eran dos países
y mi cuerpo rumor de hierba.
Mi agonía buscaba su traje,
polvorienta, mordida por los perros,
y tú la acompañaste sin temblar
hasta la puerta del agua oscura.
¡Oh mi Stanton, idiota y bello entre los
   pequeños animalitos
con tu madre fracturada por los herreros de las
   aldeas,
con un hermano bajo los arcos,
otro comido por los hormigueros,
y el cáncer sin alambradas latiendo por las
   habitaciones!
Hay nodrizas que dan a los niños
ríos de musgo y amargura de pie
y algunas negras suben a los pisos para repartir
   filtro de rata.
Porque es verdad que la gente
quiere echar las palomas a las alcantarillas
y yo sé lo que esperan los que por la calle
nos oprimen de pronto las yemas de los dedos.

Tu ignorancia es un monte de leones, Stanton.
El día que el cáncer te dio una paliza
y te escupió en el dormitorio donde murieron
   los huéspedes en la epidemia

y abrió su quebrada rosa de vidrios secos y
    manos blandas
para salpicar de lodo las pupilas de los que
    navegan,
tú buscaste en la hierba mi agonía,
mi agonía con flores de terror,
mientras que el agrio cáncer mudo que quiere
    acostarse contigo
pulverizaba rojos paisajes por las sábanas de
    amargura
y ponía sobre los ataúdes
helados arbolitos de ácido bórico.
Stanton, vete al bosque con tus arpas judías,
vete para aprender celestiales palabras
que duermen en los troncos, en nubes, en
    tortugas,
en los perros dormidos, en el plomo, en el
    viento,
en lirios que no duermen, en aguas que no
    copian,
para que aprendas, hijo, lo que tu pueblo olvida.

Cuando empiece el tumulto de la guerra
dejaré un pedazo de queso para tu perro en la
    oficina.
Tus diez años serán las hojas
que vuelan en los trajes de los muertos.
Diez rosas de azufre débil
en el hombro de mi madrugada.
Y yo, Stanton, yo solo, en olvido,
con tus caras marchitas sobre mi boca,
iré penetrando a voces las verdes estatuas de la
    Malaria.

VACA

A Luis Lacasa

Se tendió la vaca herida.
Árboles y arroyos trepaban por sus cuernos.
Su hocico sangraba en el cielo.

Su hocico de abejas
bajo el bigote lento de la baba.
Un alarido blanco puso en pie la mañana.

Las vacas muertas y las vivas
rubor de luz o miel de establo,
balaban con los ojos entornados.

Que se enteren las raíces
y aquel niño que afila su navaja
de que ya se pueden comer la vaca.

Arriba palidecen
luces y yugulares.
Cuatro pezuñas tiemblan en el aire.

Que se entere la luna
y esa noche de rocas amarillas
que ya se fue la vaca de ceniza.

Que ya se fue balando
por el derribo de los cielos yertos,
donde meriendan muerte los borrachos.

NIÑA AHOGADA EN EL POZO
(GRANADA Y NEWBURG)

Las estatuas sufren con los ojos por la oscuridad
    de los ataúdes,
pero sufren mucho más por el agua que no
    desemboca.
...que no desemboca.

El pueblo corría por las almenas rompiendo las
    cañas de los pescadores.
¡Pronto! ¡Los bordes! ¡Deprisa! Y croaban las
    estrellas tiernas.
...que no desemboca.

Tranquila en mi recuerdo, astro, círculo,
    meta,
lloras por las orillas de un ojo de caballo.
...que no desemboca.

Pero nadie en lo oscuro podrá darte distancias,
sino afilado límite: porvenir de diamante.
...que no desemboca.

Mientras la gente busca silencios de almohada
tú lates para siempre definida en tu anillo.
...que no desemboca.

Eterna en los finales de unas ondas que aceptan
combate de raíces y soledad prevista.
...que no desemboca.

¡Ya vienen por las rampas! ¡Levántate del agua!
¡Cada punto de luz te dará una cadena!
...que no desemboca.

Pero el pozo te alarga manecitas de musgo,
insospechada ondina de tu propia ignorancia.
...que no desemboca.

No, que no desemboca. Agua fija en un punto,
respirando con todos sus violines sin cuerdas
en la escala de las heridas y los edificios
    deshabitados.
¡Agua que no desemboca!

VI
INTRODUCCIÓN A LA MUERTE

(POEMAS DE LA SOLEDAD EN VERMONT)

Para Rafael Sánchez Ventura

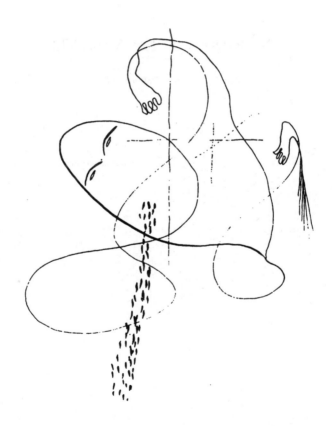

MUERTE

A Isidoro de Blas

¡Qué esfuerzo!
¡Qué esfuerzo del caballo
por ser perro!
¡Qué esfuerzo del perro por ser golondrina!
¡Qué esfuerzo de la golondrina por ser abeja!
¡Qué esfuerzo de la abeja por ser caballo!
Y el caballo,
¡qué flecha aguda exprime de la rosa!,
¡qué rosa gris levanta de su belfo!
Y la rosa,
¡qué rebaño de luces y alaridos
ata en el vivo azúcar de su tronco!
Y el azúcar,
¡qué puñalitos sueña en su vigilia!
Y los puñales diminutos,
¡qué luna sin establos, qué desnudos,
piel eterna y rubor, andan buscando!
Y yo, por los aleros,
¡qué serafín de llamas busco y soy!

Pero el arco de yeso,
¡qué grande, qué invisible, qué diminuto!
sin esfuerzo.

NOCTURNO DEL HUECO

I

Para ver que todo se ha ido,
para ver los huecos y los vestidos,
¡dame tu guante de luna,
tu otro guante de hierba,
amor mío!

Puede el aire arrancar los caracoles
muertos sobre el pulmón del elefante
y soplar los gusanos ateridos
de las yemas de luz o las manzanas.

Los rostros bogan impasibles
bajo el diminuto griterío de las hierbas
y en el rincón está el pechito de la rana,
turbio de corazón y mandolina.
En la gran plaza desierta
mugía la bovina cabeza recién cortada
y eran duro cristal definitivo
las formas que buscaban el giro de la sierpe.

Para ver que todo se ha ido
dame tu mudo hueco, ¡amor mío!
Nostalgia de academia y cielo triste.
¡Para ver que todo se ha ido!

Dentro de ti, amor mío, por tu carne,
¡qué silencio de trenes boca arriba!,
¡cuánto brazo de momia florecido!
¡qué cielo sin salida, amor, qué cielo!

Es la piedra en el agua y es la voz en la brisa
bordes de amor que escapan de su tronco
    sangrante.
Basta tocar el pulso de nuestro amor presente
para que broten flores sobre los otros niños.

Para ver que todo se ha ido.
Para ver los huecos de nubes y ríos.
Dame tus ramos de laurel, amor.
¡Para ver que todo se ha ido!

Ruedan los huecos puros, por mí, por ti, en el
    alba
conservando las huellas de las ramas de sangre
y algún perfil de yeso tranquilo que dibuja
instantáneo dolor de luna apuntillada.

Mira formas concretas que buscan su vacío.
Perros equivocados y manzanas mordidas.
Mira el ansia, la angustia de un triste mundo
    fósil
que no encuentra el acento de su primer
    sollozo.

Cuando busco en la cama los rumores del
   hilo
has venido, amor mío, a cubrir mi tejado.
El hueco de una hormiga puede llenar el aire,
pero tú vas gimiendo sin norte por mis ojos.

No, por mis ojos no, que ahora me enseñas
cuatro ríos ceñidos en tu brazo.
En la dura barraca donde la luna prisionera
devora a un marinero delante de los niños.

Para ver que todo se ha ido,
¡amor inexpugnable, amor huido!
No, no me des tu hueco,
¡que ya va por el aire el mío!
¡Ay de ti, ay de mí; de la brisa!
Para ver que todo se ha ido.

II

Yo.
Con el hueco blanquísimo de un caballo,
crines de ceniza. Plaza pura y doblada.

Yo.
Mi hueco traspasado con las axilas rotas.
Piel seca de uva neutra y amianto de
   madrugada.

Toda la luz del mundo cabe dentro de un ojo.
Canta el gallo y su canto dura más que sus alas.

Yo.
Con el hueco blanquísimo de un caballo.
Rodeado de espectadores que tienen hormigas
   en las palabras.

En el circo del frío sin perfil mutilado.
Por los capiteles rotos de las mejillas
   desangradas.

Yo.
Mi hueco sin ti, ciudad, sin tus muertos que
   comen.
Ecuestre por mi vida definitivamente anclada.

Yo.
No hay siglo nuevo ni luz reciente.
Sólo un caballo azul y una madrugada.

PAISAJE CON DOS TUMBAS Y UN PERRO ASIRIO

Amigo,
levántate para que oigas aullar
al perro asirio.
Las tres ninfas del cáncer han estado bailando,
    hijo mío.
Trajeron unas montañas de lacre rojo
y unas sábanas duras donde estaba el cáncer
    dormido.
El caballo tenía un ojo en el cuello
y la luna estaba en un cielo tan frío
que tuvo que desgarrar su monte de Venus
y ahogar en sangre y ceniza los cementerios
    antiguos.

Amigo,
despierta, que los montes todavía no respiran
y las hierbas de mi corazón están en otro sitio.
No importa que estés lleno de agua de mar.
Yo amé mucho tiempo a un niño
que tenía una plumilla en la lengua
y vivimos cien años dentro de un cuchillo.
Despierta. Calla. Escucha. Incorpórate un poco.

El aullido
es una larga lengua morada que deja
hormigas de espanto y licor de lirios.
Ya viene hacia la roca. ¡No alargues tus raíces!
Se acerca. Gime. No solloces en sueños, amigo.

¡Amigo!
Levántate para que oigas aullar
al perro asirio.

RUINA

A Regino Sáinz de la Mata

Sin encontrarse.
Viajero por su propio torso blanco.
¡Así iba el aire!

Pronto se vio que la luna
era una calavera de caballo
y el aire una manzana oscura.

Detrás de la ventana,
con látigos y luces, se sentía
la lucha de la arena con el agua.

Yo vi llegar las hierbas
y les eché un cordero que balaba
bajo sus dientecillos y lancetas.

Volaba dentro de una gota
la máscara de pluma y celuloide
de la primer paloma.

Las nubes en manada
se quedaron dormidas contemplando
el duelo de las rocas con el alba.

Vienen las hierbas, hijo.
Ya suenan sus espadas de saliva
por el cielo vacío.

Mi mano, amor. ¡Las hierbas!
Por los cristales rotos de la casa
la sangre desató sus cabelleras.

Tú solo y yo quedamos.
Prepara tu esqueleto para el aire.
Yo sólo y tú quedamos.

Prepara tu esqueleto.
Hay que buscar de prisa, amor, de prisa,
nuestro perfil sin sueño.

AMANTES ASESINADOS POR UNA PERDIZ

–Los dos lo han querido –me dijo su madre–. Los dos...

–No es posible, Señora –dije yo–. Usted tiene demasiado temperamento y a su edad ya se sabe por qué caen los alfileres del rocío.
–Calle Vd. Luciano, calle Vd...
No, no, Luciano no.
–Para resistir este nombre, necesito contener el dolor de mis recuerdos. ¿Y usted cree que aquella pequeña dentadura y esa mano de niño que se han dejado olvidada dentro de la ola, me pueden consolar de esta tristeza?
–Los dos lo han querido –me dijo su prima–. Los dos.
Me puse a mirar el mar y lo comprendí todo.
¿Será posible que del pico de esa paloma cruelísima que tiene corazón de elefante salga la palidez lunar de aquel trasatlántico que se aleja?
–Recuerdo que tuve que hacer varias veces uso de mi cuchara para defenderme de los lobos. Yo no tenía culpa ninguna; usted lo sabe. ¡Dios mío! Estoy llorando.
–Los dos lo han querido –dije yo–. Los dos. Una manzana será siempre un amante, pero un amante no podrá ser jamás una manzana.

—Por eso se han muerto, por eso. Con 20 ríos y un solo invierno desgarrado.

—Fue muy sencillo. Se amaban por encima de todos los museos.

Mano derecha,

con mano izquierda.

Mano izquierda,

con mano derecha.

Pie derecho,

con pie derecho.

Pie izquierdo,

con nube.

Cabello,

con planta de pie.

Planta de pie,

con mejilla izquierda.

¡Oh, mejilla izquierda! ¡Oh, noroeste de barquitos y hormigas de mercurio!... Dame el pañuelo Genoveva; voy a llorar... Voy a llorar hasta que de mis ojos salga una muchedumbre de siemprevivas... Se acostaban.

No había otro espectáculo más tierno...

¿Me ha oído usted?

¡Se acostaban!

Muslo izquierdo,

con antebrazo izquierdo.

Ojos cerrados,

con uñas abiertas.

Cintura, con nuca,

y con playa.

Y las cuatro orejitas eran cuatro ángeles en la choza de la nieve. Se querían. Se amaban. A pesar de la Ley de la gravedad. La diferencia que existe entre una espina de rosa y una Star es sencillísima.

Cuando descubrieron esto, se fueron al campo. —Se amaban.

¡Dios mío! Se amaban ante los ojos de los químicos.

Espalda, con tierra,

tierra, con anís.

Luna, con hombro dormido.

Y las cinturas se entrecruzaban con un rumor de vidrios.

Yo vi temblar sus mejillas cuando los profesores de la Universidad les traían miel y vinagre en una esponja diminuta. Muchas veces tenían que espantar a los perros que gemían por las yedras blanquísimas del lecho. Pero ellos se amaban.

Eran un hombre y una mujer,

o sea,

un hombre

y un pedacito de tierra,

un elefante

y un niño,

un niño y un junco.

Eran dos mancebos desmayados

y una pierna de níquel.

¡Eran los barqueros!

Sí.

Eran los terribles barqueros del Guadiana que machacan con sus remos todas las rosas del mundo.

El viejo marino escupió el tabaco de su boca y dio grandes voces para espantar a las gaviotas. Pero ya era demasiado tarde.

Cuando las mujeres enlutadas llegaron a la casa del Gobernador éste comía tranquilamente almendras verdes y pescados fríos en un exquisito plato de oro. Era preferible no haber hablado con él.

En las islas Azores.

Casi no puedo llorar.

Yo puse dos telegramas, pero desgraciadamente ya era tarde.

Muy tarde.

Sólo sé deciros que dos niños que pasaban por la orilla del bosque, vieron una perdiz que echaba un hilito de sangre por el pico.

Esta es la causa, querido capitán, de mi extraña melancolía.

LUNA Y PANORAMA DE LOS INSECTOS
(POEMA DE AMOR)

La luna en el mar riela,
en la lona gime el viento,
y alza en blando movimiento
olas de plata y azul.
ESPRONCEDA

Mi corazón tendría la forma de un zapato
si cada aldea tuviera una sirena.
Pero la noche es interminable cuando se apoya
    en los enfermos
y hay barcos que buscan ser mirados para poder
    hundirse tranquilos.
Si el aire sopla blandamente
mi corazón tiene la forma de una niña.
Si el aire se niega a salir de los cañaverales
mi corazón tiene la forma de una milenaria
    boñiga de toro.

¡Bogar! bogar, bogar, bogar,
hacia el batallón de puntas desiguales,

hacia un paisaje de acechos pulverizados.
Noche igual de la nieve, de los sistemas
   suspendidos.
Y la luna.
¡La luna!
Pero no la luna.
La raposa de las tabernas.
El gallo japonés que se comió los ojos.
Las hierbas masticadas.

No nos salvan las solitarias en los vidrios,
ni los herbolarios donde el metafísico
encuentra las otras vertientes del cielo.
Son mentira las formas. Sólo existe
el círculo de bocas del oxígeno.
Y la luna.
Pero no la luna.
Los insectos.
Los muertos diminutos por las riberas.
Dolor en longitud.
Yodo en un punto.
Las muchedumbres en el alfiler.
El desnudo que amasa la sangre de todos,
y mi amor que no es un caballo ni una
   quemadura.
Criatura de pecho devorado.
¡Mi amor!

Ya cantan, gritan, gimen: Rostro ¡tu rostro!
   Rostro.
Las manzanas son unas,
las dalias son idénticas,
la luz tiene un sabor de metal acabado

y el campo de todo un lustro cabrá en la mejilla
    de la moneda.
Pero tu rostro cubre los cielos del banquete.
¡Ya cantan! ¡gritan! ¡gimen!
¡cubren! ¡trepan! ¡espantan!

Es necesario caminar ¡de prisa! por las ondas,
    por las ramas,
por las calles deshabitadas de la Edad Media
    que bajan al río,
por las tiendas de las pieles donde suena un
    cuerno de vaca herida,
por las escalas ¡sin miedo!, por las escalas.
Hay un hombre descolorido que se está
    bañando en el mar;
es tan tierno que los reflectores le comieron
    jugando el corazón.
Y en el Perú viven mil mujeres ¡oh insectos!,
    que noche y día
hacen nocturnos y desfiles entrecruzando sus
    propias venas.

Un diminuto guante corrosivo me detiene.
    ¡Basta!
En mi pañuelo he sentido el tris
de la primera vena que se rompe.
Cuida tus pies, amor mío, ¡tus manos!
ya que yo tengo que entregar mi rostro.
¡Mi rostro! mi rostro ¡Ay, mi comido rostro!

Este fuego casto para mi deseo.
Esta confusión por anhelo de equilibrio.
Este inocente dolor de pólvora en mis ojos

aliviará la angustia de otro corazón
devorado por las nebulosas.

No nos salva la gente de las zapaterías
ni los paisajes que se hacen música al encontrar
    las llaves oxidadas.
Son mentira los aires. Sólo existe
una cunita en el desván
que recuerda todas las cosas.
Y la luna.
Pero no la luna.

Los insectos.
Los insectos solos
crepitantes, mordientes, estremecidos,
    agrupados,
y la luna
con un guante de humo sentada en la puerta de
    sus derribos.
¡¡La luna!!

VII
VUELTA A LA CIUDAD

Para Antonio Hernández Soriano

NUEVA YORK
(OFICINA Y DENUNCIA)

A Fernando Vela

Debajo de las multiplicaciones
hay una gota de sangre de pato;
debajo de las divisiones
hay una gota de sangre de marinero;
debajo de las sumas, un río de sangre tierna.
Un río que viene cantando
por los dormitorios de los arrabales,
y es plata, cemento o brisa
en el alba mentida de New York.
Existen las montañas. Lo sé.
Y los anteojos para la sabiduría.
Lo sé. Pero yo no he venido a ver el cielo.
He venido para ver la turbia sangre,
la sangre que lleva las máquinas a las cataratas
y el espíritu a la lengua de la cobra.
Todos los días se matan en New York
cuatro millones de patos,
cinco millones de cerdos,

dos mil palomas para el gusto de los
   agonizantes,
un millón de vacas,
un millón de corderos
y dos millones de gallos
que dejan los cielos hechos añicos.

Más vale sollozar afilando la navaja
o asesinar a los perros en las alucinantes cacerías,
que resistir en la madrugada
los interminables trenes de leche,
los interminables trenes de sangre
y los trenes de rosas maniatadas
por los comerciantes de perfumes.
Los patos y las palomas
y los cerdos y los corderos
ponen sus gotas de sangre
debajo de las multiplicaciones,
y los terribles alaridos de las vacas estrujadas
llenan de dolor el valle
donde el Hudson se emborracha con aceite.

Yo denuncio a toda la gente
que ignora la otra mitad,
la mitad irredimible
que levanta sus montes de cemento
donde laten los corazones
de los animalitos que se olvidan
y donde caeremos todos
en la última fiesta de los taladros.

Os escupo en la cara.
La otra mitad me escucha

devorando, orinando, volando en su pureza
como los niños de las porterías
que llevan frágiles palitos
a los huecos donde se oxidan
las antenas de los insectos.
No es el infierno, es la calle.
No es la muerte. Es la tienda de frutas.
Hay un mundo de ríos quebrados y distancias
    inasibles
en la patita de ese gato quebrada por un
    automóvil,
y yo oigo el canto de la lombriz
en el corazón de muchas niñas.
Óxido, fermento, tierra estremecida.
Tierra tú mismo que nadas por los números de
    la oficina.
¿Qué voy a hacer? ¿Ordenar los paisajes?
¿Ordenar los amores que luego son fotografías,
que luego son pedazos de madera y bocanadas
    de sangre?
No, no; yo denuncio.
Yo denuncio la conjura
de estas desiertas oficinas
que no radian las agonías,
que borran los programas de la selva,
y me ofrezco a ser comido por las vacas
    estrujadas
cuando sus gritos llenan el valle
donde el Hudson se emborracha con aceite.

CEMENTERIO JUDÍO

Las alegres fiebres huyeron a las maromas de
    los barcos
y el judío empujó la verja con el pudor helado
    del interior de las lechugas.
Los niños de Cristo dormían
y el agua era una paloma
y la madera era una garza
y el plomo era un colibrí
y aun las vivas prisiones de fuego
estaban consoladas por el salto de la langosta.

Los niños de Cristo bogaban y los judíos
    llenaban los muros
con un solo corazón de paloma
por el que todos querían escapar.
Las niñas de Cristo cantaban y las judías
    miraban la muerte
con un solo ojo de faisán,
vidriado por la angustia de un millón de paisajes.

Los médicos ponen en el níquel sus tijeras y
    guantes de goma

cuando los cadáveres sienten en los pies
la terrible claridad de otra luna enterrada.
Pequeños dolores ilesos se acercan a los hospitales
y los muertos se van quitando un traje de sangre
    cada día.

Las arquitecturas de escarcha,
las liras y gemidos que se escapan de las hojas
    diminutas
en otoño, mojando las últimas vertientes,
se apagaban en el negro de los sombreros de
    copa.

La hierba celeste y sola de la que huye con
    miedo el rocío
y las blancas entradas de mármol que conducen
    al aire duro
mostraban su silencio roto por las huellas
    dormidas de los zapatos.

El judío empujó la verja;
pero el judío no era un puerto
y las barcas de nieve se agolparon
por las escalerillas de su corazón.
Las barcas de nieve que acechan
un hombre de agua que las ahogue.
Las barcas de los cementerios
que a veces dejan ciegos a los visitantes.

Los niños de Cristo dormían
y el judío ocupó su litera.
Tres mil judíos lloraban en el espanto de las
    galerías

porque reunían entre todos con esfuerzo media
    paloma,
porque uno tenía la rueda de un reloj
y otro un botín con orugas parlantes
y otro una lluvia nocturna cargada de cadenas
y otro la uña de un ruiseñor que estaba vivo
y porque la media paloma gemía
derramando una sangre que no era la suya.

Las alegres fiebres bailaban por las cúpulas
    humedecidas
y la luna copiaba en su mármol
nombres viejos y cintas ajadas.
Llegó la gente que come por detrás de las yertas
    columnas
y los asnos de blancos dientes
con los especialistas de las articulaciones.
Verdes girasoles temblaban
por los páramos del crepúsculo
y todo el cementerio era una queja
de bocas de cartón y trapo seco.
Ya los niños de Cristo se dormían
cuando el judío, apretando los ojos,
se cortó las manos en silencio
al escuchar los primeros gemidos.

CRUCIFIXIÓN

La luna pudo detenerse al fin por la curva
    blanquísima de los caballos.
Un rayo de luz violenta que se escapaba de la
    herida
proyectó en el cielo el instante de la circuncisión
    de un niño muerto.

La sangre bajaba por el monte y los ángeles la
    buscaban,
pero los cálices eran de viento y al fin llenaba
    los zapatos.
Cojos perros fumaban sus pipas y un olor de
    cuero caliente
ponía grises los labios redondos de los que
    vomitaban en las esquinas.
Y llegaban largos alaridos por el Sur de la noche
    seca.
Era que la luna quemaba con sus bujías el falo
    de los caballos.
Un sastre especialista en púrpura
había encerrado a las tres santas mujeres

y les enseñaba una calavera por los vidrios de la
    ventana.
Los tres niños en el arrabal rodeaban a un
    camello blanco
que lloraba asustado porque al alba
tenía que pasar sin remedio por el ojo de una
    aguja.
¡Oh cruz! ¡Oh clavos! ¡Oh espina!
¡Oh espina clavada en el hueso hasta que se
    oxiden los planetas!
Como nadie volvía la cabeza, el cielo pudo
    desnudarse.
Entonces se oyó la gran voz y los fariseos
    dijeron:
Esa maldita vaca tiene las tetas llenas de
    leche.

La muchedumbre cerraba las puertas
y la lluvia bajaba por las calles decidida a mojar
    el corazón
mientras la tarde se puso turbia de latidos y
    leñadores
y la oscura ciudad agonizaba bajo el martillo de
    los carpinteros.
Esa maldita vaca
tiene las tetas llenas de perdigones,
dijeron los fariseos azules.
Pero la sangre mojó sus pies y los espíritus
    inmundos
estrellaban ampollas de laguna sobre las paredes
    del templo.
Se supo el momento preciso de la salvación de
    nuestra vida

porque la luna lavó con agua
las quemaduras de los caballos
y no la niña viva que callaron en la arena.
Entonces salieron los fríos cantando sus
    canciones
y las ranas encendieron sus lumbres en la doble
    orilla del río.
Esa maldita vaca, maldita, maldita, maldita,
no nos dejará dormir, dijeron los fariseos,
y se alejaron a sus casas por el tumulto de la
    calle
dando empujones a los borrachos y escupiendo
    la sal de los sacrificios
mientras la sangre los seguía con un balido de
    cordero.

Fue entonces
y la tierra despertó arrojando temblorosos ríos
    de polilla.

VIII
DOS ODAS

A mi editor,
Armando Guibert

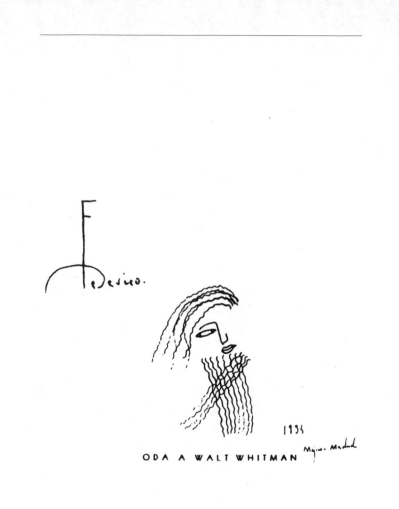

1934

ODA A WALT WHITMAN Mujica-Madrid

GRITO HACIA ROMA
(DESDE LA TORRE DEL CHRYSLER BUILDING)

Manzanas levemente heridas
por finos espadines de plata,
nubes rasgadas por una mano de coral
que lleva en el dorso una almendra de fuego,
peces de arsénico como tiburones,
tiburones como gotas de llanto para cegar una
    multitud,
rosas que hieren
y agujas instaladas en los caños de la sangre,
mundos enemigos y amores cubiertos de
    gusanos,
caerán sobre ti. Caerán sobre la gran cúpula
que unta de aceite las lenguas militares,
donde un hombre se orina en una deslumbrante
    paloma
y escupe carbón machacado
rodeado de miles de campanillas.

Porque ya no hay quien reparta el pan y el vino,
ni quien cultive hierbas en la boca del muerto,
ni quien abra los linos del reposo,

ni quien llore por las heridas de los elefantes.
No hay más que un millón de herreros
forjando cadenas para los niños que han de
    venir.
No hay más que un millón de carpinteros
que hacen ataúdes sin cruz.
No hay más que un gentío de lamentos
que se abren las ropas en espera de la bala.
El hombre que desprecia la paloma debía
    hablar,
debía gritar desnudo entre las columnas
y ponerse una inyección para adquirir la lepra
y llorar un llanto tan terrible
que disolviera sus anillos y sus teléfonos de
    diamante.
Pero el hombre vestido de blanco
ignora el misterio de la espiga,
ignora el gemido de la parturienta,
ignora que Cristo puede dar agua todavía,
ignora que la moneda quema el beso de
    prodigio
y da la sangre del cordero al pico idiota del
    faisán.

Los maestros enseñan a los niños
una luz maravillosa que viene del monte;
pero lo que llega es una reunión de cloacas
donde gritan las oscuras ninfas del cólera.
Los maestros señalan con devoción las enormes
    cúpulas sahumadas,
pero debajo de las estatuas no hay amor,
no hay amor bajo los ojos de cristal definitivo.
El amor está en las carnes desgarradas por la sed,

en la choza diminuta que lucha con la
    inundación.
El amor está en los fosos donde luchan las
    sierpes del hambre,
en el triste mar que mece los cadáveres de las
    gaviotas
y en el oscurísimo beso punzante debajo de las
    almohadas.
Pero el viejo de las manos traslúcidas
dirá: amor, amor, amor,
aclamado por millones de moribundos.
Dirá: amor, amor, amor,
entre el tisú estremecido de ternura;
dirá: paz, paz, paz,
entre el tirite de cuchillos y melones de
    dinamita.
Dirá: amor, amor, amor,
hasta que se le pongan de plata los labios.

Mientras tanto, mientras tanto ¡ay! mientras
    tanto,
los negros que sacan las escupideras,
los muchachos que tiemblan bajo el terror
    pálido de los directores,
las mujeres ahogadas en aceites minerales,
la muchedumbre de martillo, de violín o de
    nube,
ha de gritar aunque le estrellen los sesos en el
    muro
ha de gritar frente a las cúpulas,
ha de gritar loca de fuego,
ha de gritar loca de nieve,
ha de gritar con la cabeza llena de excremento,

ha de gritar como todas las noches juntas,
ha de gritar con voz tan desgarrada
hasta que las ciudades tiemblen como niñas
y rompan las prisiones del aceite y la música.
Porque queremos el pan nuestro de cada día,
flor de aliso y perenne ternura desgranada,
porque queremos que se cumpla la voluntad de
  la Tierra
que da sus frutos para todos.

ODA A WALT WHITMAN

Por el East River y el Bronx
los muchachos cantaban enseñando sus cinturas
con la rueda, el aceite, el cuero y el martillo.
Noventa mil mineros sacaban la plata de las
    rocas
y los niños dibujaban escaleras y perspectivas.

Pero ninguno se dormía,
ninguno quería ser río,
ninguno amaba las hojas grandes,
ninguno la lengua azul de la playa.

Por el East River y el Queensborough
los muchachos luchaban con la industria,
y los judíos vendían al fauno del río
la rosa de la circuncisión,
y el cielo desembocaba por los puentes y los
    tejados
manadas de bisontes empujadas por el viento.

Pero ninguno se detenía,
ninguno quería ser nube,

ninguno buscaba los helechos
ni la rueda amarilla del tamboril.

Cuando la luna salga
las poleas rodarán para turbar el cielo;
un límite de agujas cercará la memoria
y los ataúdes se llevarán a los que no trabajan.

Nueva York de cieno,
Nueva York de alambre y de muerte.
¿Qué ángel llevas oculto en la mejilla?
¿Qué voz perfecta dirá las verdades del trigo?
¿Quién el sueño terrible de tus anémonas
    manchadas?

Ni un solo momento, viejo hermoso Walt
    Whitman,
he dejado de ver tu barba llena de mariposas,
ni tus hombros de pana gastados por la luna,
ni tus muslos de Apolo virginal,
ni tu voz como una columna de ceniza;
anciano hermoso como la niebla,
que gemías igual que un pájaro
con el sexo atravesado por una aguja,
enemigo del sátiro,
enemigo de la vid,
y amante de los cuerpos bajo la burda tela.

Ni un solo momento, hermosura viril
que en montes de carbón, anuncios y
    ferrocarriles,
soñabas ser un río y dormir como un río
con aquel camarada que pondría en tu pecho

un pequeño dolor de ignorante leopardo.
Ni un solo momento, Adán de sangre, macho,
hombre solo en el mar, viejo hermoso Walt
   Whitman,
porque por las azoteas,
agrupados en los bares,
saliendo en racimos de las alcantarillas,
temblando entre las piernas de los chauffeurs
o girando en las plataformas del ajenjo,
los maricas, Walt Whitman, te señalan.

¡También ése! ¡También! Y se despeñan
sobre tu barba luminosa y casta,
rubios del norte, negros de la arena,
muchedumbre de gritos y ademanes
como los gatos y como las serpientes,
los maricas, Walt Whitman, los maricas
turbios de lágrimas, carne para fusta,
bota o mordisco de los domadores.

¡También ése! ¡También! Dedos teñidos
apuntan a la orilla de tu sueño
cuando el amigo come tu manzana
con un leve sabor de gasolina
y el sol canta por los ombligos
de los muchachos que juegan bajo los puentes.

Pero tú no buscabas los ojos arañados,
ni el pantano oscurísimo donde sumergen a los
   niños,
ni la saliva helada,
ni las curvas heridas como panza de sapo
que llevan los maricas en coches y en terrazas

mientras la luna los azota por las esquinas del
    terror.

Tú buscabas un desnudo que fuera como un río,
toro y sueño que junte la rueda con el alga,
padre de tu agonía, camelia de tu muerte,
y gimiera en las llamas de tu ecuador oculto.

Porque es justo que el hombre no busque su
    deleite
en la selva de sangre de la mañana próxima.
El cielo tiene playas donde evitar la vida
y hay cuerpos que no deben repetirse en la
    aurora.

Agonía, agonía, sueño, fermento y sueño.
Este es el mundo, amigo, agonía, agonía.
Los muertos se descomponen bajo el reloj de
    las ciudades.
La guerra pasa llorando con un millón de ratas
    grises,
los ricos dan a sus queridas
pequeños moribundos iluminados,
y la vida no es noble, ni buena, ni sagrada.

Puede el hombre, si quiere, conducir su deseo
por vena de coral o celeste desnudo.
Mañana los amores serán rocas y el Tiempo
una brisa que viene dormida por las ramas.

Por eso no levanto mi voz, viejo Walt
    Whitman,
contra el niño que escribe

nombre de niña en su almohada,
ni contra el muchacho que se viste de novia
en la oscuridad del ropero,
ni contra los solitarios de los casinos
que beben con asco el agua de la prostitución,
ni contra los hombres de mirada verde
que aman al hombre y queman sus labios en
   silencio.
Pero sí contra vosotros, maricas de las ciudades,
de carne tumefacta y pensamiento inmundo.
Madres de lodo. Arpías. Enemigos sin sueño
del Amor que reparte coronas de alegría.

Contra vosotros siempre, que dais a los
   muchachos
gotas de sucia muerte con amargo veneno.
Contra vosotros siempre,
Faeries de Norteamérica,
Pájaros de La Habana,
Jotos de Méjico.
Sarasas de Cádiz,
Apios de Sevilla,
Cancos de Madrid,
Floras de Alicante,
Adelaidas de Portugal.

¡Maricas de todo el mundo, asesinos de
   palomas!
Esclavos de la mujer. Perras de sus tocadores.
Abiertos en las plazas con fiebre de abanico
o emboscados en yertos paisajes de cicuta.
¡No haya cuartel! La muerte
mana de vuestros ojos

y agrupa flores grises en la orilla del cieno.
¡No haya cuartel! ¡¡Alerta!!
Que los confundidos, los puros,
los clásicos, los señalados, los suplicantes
os cierren las puertas de la bacanal.

Y tú, bello Walt Whitman, duerme a orillas del
   Hudson
con la barba hacia el polo y las manos abiertas.
Arcilla blanda o nieve, tu lengua está llamando
camaradas que velen tu gacela sin cuerpo.
Duerme: no queda nada.
Una danza de muros agita las praderas
y América se anega de máquinas y llanto.
Quiero que el aire fuerte de la noche más
   honda
quite flores y letras del arco donde duermes,
y un niño negro anuncie a los blancos del oro
la llegada del reino de la espiga.

IX
HUIDA DE NUEVA YORK

(Dos valses hacia la civilización)

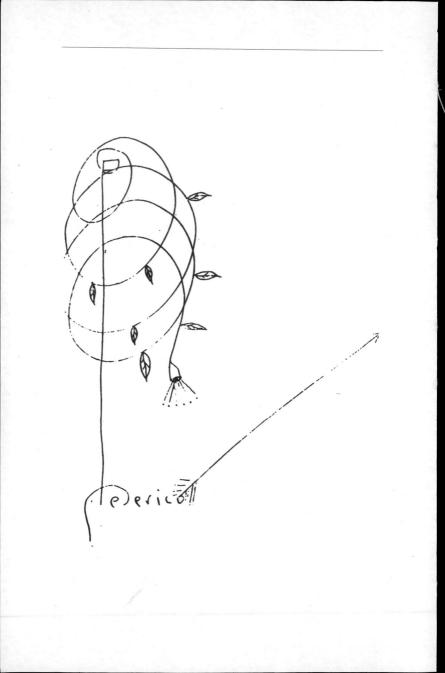

PEQUEÑO VALS VIENÉS

En Viena hay diez muchachas,
un hombro donde solloza la muerte
y un bosque de palomas disecadas.
Hay un fragmento de la mañana
en el museo de la escarcha.
Hay un salón con mil ventanas.

¡Ay, ay, ay, ay!
Toma este vals con la boca cerrada.

Este vals, este vals, este vals
de sí, de muerte y de coñac
que moja su cola en el mar.

Te quiero, te quiero, te quiero,
con la butaca y el libro muerto,
por el melancólico pasillo,
en el oscuro desván del lirio,
en nuestra cama de la luna
y en la danza que sueña la tortuga.

¡Ay, ay, ay, ay!
Toma este vals de quebrada cintura.

En Viena hay cuatro espejos
donde juegan tu boca y los ecos.
Hay una muerte para piano
que pinta de azul a los muchachos.
Hay mendigos por los tejados.
Hay frescas guirnaldas de llanto.

¡Ay, ay, ay, ay!
Toma este vals que se muere en mis brazos.

Porque te quiero, te quiero, amor mío,
en el desván donde juegan los niños,
soñando viejas luces de Hungría
por los rumores de la tarde tibia,
viendo ovejas y lirios de nieve
por el silencio oscuro de tu frente.

¡Ay, ay, ay, ay!
Toma este vals del «Te quiero siempre».

En Viena bailaré contigo
con un disfraz que tenga
cabeza de río.
¡Mira qué orillas tengo de jacintos!
Dejaré mi boca entre tus piernas,
mi alma en fotografías y azucenas,
y en las ondas oscuras de tu andar
quiero, amor mío, amor mío, dejar,
violín y sepulcro, las cintas del vals.

VALS EN LAS RAMAS

Cayó una hoja.
Y dos.
Y tres.
Por la luna nadaba un pez.
El agua duerme una hora
y el mar blanco duerme cien.
La dama
estaba muerta en la rama.
La monja
cantaba dentro de la toronja.
La niña
iba por el pino a la piña.
Y el pino
buscaba la plumilla del trino.
Pero el ruiseñor
lloraba sus heridas alrededor.
Y yo también
porque cayó una hoja
y dos
y tres.

Y una cabeza de cristal
y un violín de papel.
Y la nieve podría con el mundo,
si la nieve durmiera un mes,
y las ramas luchaban con el mundo,
una a una,
dos a dos
y tres a tres.
¡Oh duro marfil de carnes invisibles!
¡Oh golfo sin hormigas del amanecer!
Con el muuh de las ramas,
con el ay de las damas,
con el croo de las ranas,
y el gloo amarillo de la miel.
Llegará un torso de sombra
coronado de laurel.
Será el cielo para el viento
duro como una pared
y las ramas desgajadas
se irán bailando con él.
Una a una
alrededor de la luna,
dos a dos
alrededor del sol,
y tres a tres
para que los marfiles se duerman bien.

X
EL POETA LLEGA A LA HABANA

A don Fernando Ortiz.

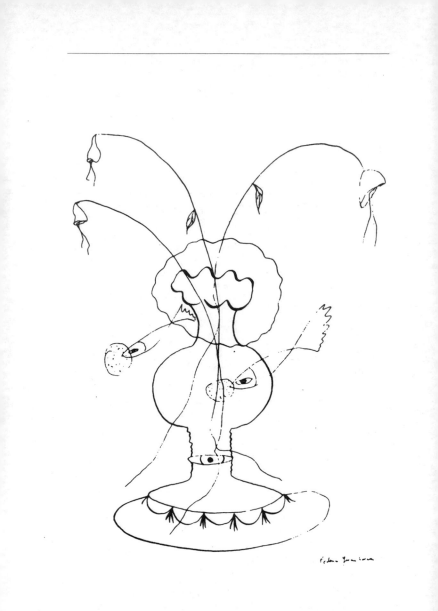

SON DE NEGROS EN CUBA

Cuando llegue la luna llena iré a Santiago de Cuba,
iré a Santiago,
en un coche de agua negra
iré a Santiago.
Cantarán los techos de palmera,
iré a Santiago.
Cuando la palma quiere ser cigüeña,
iré a Santiago
y cuando quiere ser medusa el plátano,
iré a Santiago.
Iré a Santiago
con la rubia cabeza de Fonseca.
Iré a Santiago.
Y con el rosa de Romeo y Julieta
iré a Santiago.
Mar de papel y plata de monedas,
iré a Santiago.
¡Oh Cuba! ¡Oh ritmo de semillas secas!
Iré a Santiago.
¡Oh cintura caliente y gota de madera!
Iré a Santiago.
Arpa de troncos vivos. Caimán. Flor de tabaco.

Iré a Santiago.
Siempre he dicho que yo iría a Santiago
en un coche de agua negra.
Iré a Santiago.
Brisa y alcohol en las ruedas,
iré a Santiago.
Mi coral en la tiniebla,
iré a Santiago.
El mar ahogado en la arena,
iré a Santiago.
Calor blanco, fruta muerta,
iré a Santiago.
¡Oh bovino frescor de cañavera!
¡Oh Cuba! ¡Oh curva de suspiro y barro!
Iré a Santiago.

ÍNDICE

COLECCIÓN CLÁSICOS UNIVERSALES

Títulos publicados

En preparación